FE Y PROSPERIDAD

Historias de empresarios ungidos para prosperar

SAUL FLORES JR.

Puede hacer pedidos de libros de WestBow Press en librerías o poniéndose en contacto con:

WestBow Press
A Division of Thomas Nelson & Zondervan
1663 Liberty Drive
Bloomington, IN 47403
www.westbowpress.com
844-714-3454

Las ganancias de la venta de este libro se destinarán íntegramente a obras de caridad y misioneras.

Para más información sobre el autor, visita www.saulflores.com.

ISBN: 978-1-6642-9627-5 (tapa blanda)
ISBN: 978-1-6642-9628-2 (tapa dura)
ISBN: 978-1-6642-9626-8 (libro electrónico)

Numero de la Libreria del Congreso: 2023905835

Información sobre impresión disponible en la última página.

Fecha de revisión de WestBow Press: 25/03/2023

DEDICATORIA

Al mejor mentor que he tenido, mi padre, Saul Flores Sr.

Su pasión por Cristo ha sido un ejemplo permanente de lo que ocurre cuando una persona se enamora de Jesús.

ÍNDICE

AGRADECIMIENTOS

Doy gracias a Jesucristo porque cada día me colma de su amor de una manera nueva. Él es el hombro en el cual me apoyo en los momentos difíciles, es mi amigo más querido y mi compañero más cercano. Le estoy muy agradecido por su gran misericordia.

También agradezco a la persona que siempre me ha animado y alentado, Irma Flores. Ella siempre ha sido mi mayor apoyo. No podría haber deseado una mejor esposa y compañera en este viaje de vida.

Agradezco a mis dos hermosas hijas, Sarai Elizabeth Flores e Isabella Alicia Flores, por su disposición a sacrificar el tiempo en familia para animarme a terminar este libro.

Gracias a mi hija Sarai. Ella ha sido un valioso apoyo y me ha ayudado cuando he necesitado orientación para este libro. Le estoy muy agradecido por sus aportes. Gracias también a Cecily Paterson, cuyos consejos y contribuciones han sido una bendición para mí.

INTRODUCCIÓN

La gracia de Dios desempeñó un papel fundamental en la vida y la obra de muchos de los mayores empresarios cristianos de la historia de nuestro país. Como cristiano y empresario, a medida que escribía este libro me sentía intrigado e inspirado a descubrir más sobre su fe, su dedicación y su entrega desinteresada.

Desconocía la magnitud de sus donaciones y la prosperidad sobrenatural que Dios les concedió gracias a la fidelidad que demostraron. John D. Rockefeller, quien a los cincuenta y tres años se convirtió en el primer multimillonario de Estados Unidos, afirmaba que hacer dinero era un don de Dios. Comprendí que Dios utiliza el don de crear riqueza para beneficiar su reino en la tierra.

Mary Kay Ash, la influyente y piadosa fundadora de la empresa *Mary Kay Cosmetics*, recibió de Dios el sueño de convertirse en una gran embajadora del evangelio entre sus clientes. A pesar de que tuvo que enfrentarse a enormes obstáculos, se negó a dejar morir su sueño. Su filosofía, al igual que la de James Cash (J. C.) Penney, su fuente de inspiración, se basaba en la «Regla de oro». No solo estableció como prioridades en su vida a Dios en primer lugar, a la familia en segundo y a la carrera en tercero, sino que también animó a sus empleados y al personal de ventas a hacer lo mismo. Dios utiliza a la gente de negocios en el mundo empresarial para ser una luz que brilla en las tinieblas.

Las historias singulares de este libro están respaldadas tanto por una profunda investigación como por pasajes bíblicos para expresar la verdad de que jamás podremos dar más de lo que Dios nos da. La Palabra de Dios promete recompensar y bendecir a los que dan el diezmo y aportan a su reino. A Dios no le interesa la cantidad que damos, sino que mira el corazón que está detrás de la ofrenda y abre los almacenes del cielo sobre los fieles.

Fe y Prosperidad es la compilación de décadas de investigación, descubrimiento y oración. Pido a Dios que encuentres un gran estímulo e inspiración en estas historias.

Capítulo 1

UNCIÓN CON ACEITE

John Davison Rockefeller (1839-1937)

Piensa en dar no como un deber, sino como un privilegio.
John D. Rockefeller

Por su octavo cumpleaños, Johnny recibió el mejor regalo que podría haber imaginado.

—Ven conmigo Johnny—le dijo su madre, guiándolo hacia el exterior.

Él la siguió por las escaleras, atravesaron el patio de la cocina y bajaron al gallinero. Una vez allí, Johnny contuvo la respiración, estaba muy emocionado. Quería mucho a sus pollos. ¿Realmente iba a recibir…?

—Tu propia pavita—La voz de su madre interrumpió sus pensamientos y Johnny sonrió. Ella metió la mano en el gallinero y sacó un enorme polluelo marrón de plumas suaves y hermosas y de ojos brillantes—. Tiene pedigrí —dijo con orgullo— y es tuya.

Incapaz de decir nada, Johnny la tomó de las manos de su madre y la acunó en sus brazos.

Después de eso y durante muchas noches, Johnny no pudo dormir.

Tener su propia pava era un sueño hecho realidad. Había visto a su madre cuidar de las nidadas de huevos mientras esperaba que nacieran, así como los puñados de monedas que traía a casa del mercado cuando vendía las gallinitas y los gallitos. Daba vueltas en la cama mientras pensaba en una exitosa actividad agrícola. ¿Cuántas crías tendría su pavita? ¿Cuánto dinero ganaría con su primera puesta?

Durante los siguientes meses, Johnny cuidó bien de su pavita y limpió su nido con asiduidad. Controlaba atentamente la presencia de zorros y serpientes y reparaba el gallinero cada vez que encontraba algo que pudiera causar daño. Buscaba los saltamontes más gordos y jugosos que podía encontrar para complementar el alimento que esparcía dos veces al día y se aseguraba de que siempre tuviera agua fresca y limpia.

Finalmente su pequeña pava comenzó a poner huevos. Johnny saltaba de impaciencia y daba vueltas ansiosamente mientras contaba los días que faltaban para la aparición de la adorable cría. Para su deleite, pronto aparecieron cinco polluelos ruidosos y sanos acurrucados bajo las alas protectoras de su pava.

«¡Oh vaya!, voy a ser el niño más rico de todo el condado», pensó Johnny mientras calculaba sus ganancias. «Si los vendo a veinte céntimos cada uno, obtendré un dólar en total». A mediados del siglo XIX, eso suponía una enorme suma de dinero para alguien de su edad.

Cuando los cinco polluelos tuvieron la edad suficiente, el joven Johnny los cargó en un cajón y salió a buscar un comprador. Después de presentar las virtudes y los beneficios de su producto a varios granjeros locales, Johnny se emocionó cuando un vecino aceptó comprarle los cinco polluelos. Cerró el trato con un apretón de manos y se guardó el dólar en lo más profundo del bolsillo.

Con su dinero bien guardado, el joven emprendedor corrió entusiasmado por el largo y polvoriento camino hasta su casa. ¡Era rico! ¡Podría comprar cualquier cosa! Por su cabeza pasaba un caleidoscopio de fantasías mientras sus pies avanzaban por el viejo camino de tierra. ¡Podía comprar tantas cosas: juguetes, dulces, helados! No había nada fuera de su alcance. Su madre se sentiría muy orgullosa de que su hijo fuera ahora un joven rico.

Cuando Johnny irrumpió en la cocina, respiraba con dificultad por la emoción y el esfuerzo.

—Mamá, no lo vas a creer, he vendido mis cinco pavitos. Debo ser el niño más rico de todo el condado. ¿Puedes creerlo?

Ella le estrechó la mano como a un adulto y le devolvió la sonrisa.

—Lo creo, hijo; tú podrás hacer cualquier cosa que te propongas. Eres muy inteligente y has trabajado mucho por esto.

Johnny hizo una pequeña danza alrededor de la cocina. Su felicidad al pensar en todo ese dinero solo para él era abrumadora.

—Sin embargo, hay una cosa que necesito que comprendas —dijo su madre con gesto sombrío.

Johnny dejó de bailar.

—¿Qué cosa, mamá?

—Bueno, hijo, no todo ese dinero es tuyo.

Johnny la miró estupefacto y un poco enfadado.

—Pero mamá, *es* mío. Trabajé duro para obtenerlo. ¿Cómo no va a ser mío?

—La Biblia dice que nuestro dinero pertenece a Dios —le explicó su madre—. Todo el dinero pertenece a Dios. Él te dio la fuerza y la salud para que ganaras tu primer dólar, y ahora te pide que cumplas con su Palabra y le devuelvas el diez por ciento.

—¡Pero eso son diez centavos de dólar, mamá! Es demasiado. —El novel empresario comenzó a negociar—. ¿Puedo darle un centavo?

—Hijo te garantizo que si cumples con tu obligación con Dios, nunca te arrepentirás.

Su madre llevó a la mesa su vieja Biblia, la abrió en el libro de Malaquías y leyó:

—«Porque yo Jehová no cambio». Eso es de Malaquías 3:6. Y más adelante dice: «¿Robará el hombre a Dios? Pues vosotros me habéis robado». Y a continuación, en Malaquías 3:10: «Traed todos los diezmos al alfolí y haya alimento en mi casa; y probadme ahora en esto, dice Jehová de los ejércitos, si no os abriré las ventanas de los cielos, y derramaré sobre vosotros bendición hasta que sobreabunde».

Cuando ella cerró la Biblia, Johnny se quedó en silencio durante un minuto mientras pensaba en esas palabras.

—Supongo que tienes razón, mamá. Después de todo, seguiré siendo el niño más rico del condado.

Johnny siguió criando pavos sanos de primera calidad y donando fielmente el 10% de cada venta a la iglesia bautista local. Con el tiempo, se convirtió en un joven exitoso y se dio cuenta de que su madre tenía razón. Jamás se arrepintió de dar a Dios el 10% de sus ingresos.

En 1855, Johnny cumplió dieciséis años y consiguió un trabajo como contable en Hewitt and Tuttle, una empresa mayorista local. Como siempre, John demostró una excelente ética de trabajo, pues empezaba a las seis y media de la mañana y a menudo se quedaba hasta las diez de la noche, a pesar de que solo ganaba cuatro dólares a la semana. Los trabajos eran escasos y John no estaba dispuesto a renunciar. Sin embargo, a pesar de que le pagaban mal, él siguió dando el 10% de sus ganancias a la iglesia bautista local de la calle Erie.

Él creía que Dios abriría una puerta sobrenatural de prosperidad cuando fuera el momento adecuado y confiaba en ello. Mientras esperaba John daba generosamente, casi con fanatismo. Sus donaciones apoyaban económicamente a los predicadores, a los miembros necesitados de la congregación, a los misioneros y a una escuela para los pobres.

Dios premió su fe y sus obras. Cuando Tuttle abandonó la empresa, Hewitt le ofreció la mitad de la compañía a su laborioso contable, John. Él aceptó por supuesto y duplicó con creces su sueldo. Aunque John estaba orgulloso de su logro, él comprendía que era Dios quien le había abierto esta puerta a la oportunidad tal y como había prometido.

Bajo el liderazgo de John D. Rockefeller la empresa prosperó y para cuando cumplió veintitrés años, él ya era uno de los pocos jóvenes millonarios en Estados Unidos artífices de su propio éxito.

La generosidad y buena disposición de John para dar fue algo que lo acompañó toda su vida. Él donaba con regularidad más del 10% estándar que su madre le había enseñado.

Más tarde, John escribió:

> «He donado el diez por ciento de cada dólar que Dios me ha concedido. Y debo decir que si no hubiera dado el diezmo del primer dólar que gané, tampoco habría dado el diezmo del primer millón de dólares que gané. Di a tus lectores que enseñen a sus hijos a dar el diezmo, y así crecerán para ser fieles administradores del Señor» (Grant, 2001).

John Rockefeller estaba muy dispuesto a utilizar su dinero para ayudar a personas en situaciones desesperadas. En 1865 un esclavo liberado de Cincinnati se enteró de las donaciones caritativas de John y lo consideró su única esperanza. Le costó un poco de esfuerzo pero pudo presentarle su caso. Sin dudarlo, John D. Rockefeller lo ayudó a comprar a su esposa para sacarla de la esclavitud.

A la edad de cincuenta y tres años Rockefeller se convirtió en el primer multimillonario de Estados Unidos. Esto le dio un nivel de riqueza nunca visto en el país. Entonces John desarrolló alopecia, que es un trastorno autoinmune, además de una enfermedad digestiva. Tenía unos dolores tremendos en el cuerpo y perdió todo el pelo. El hombre con el dinero suficiente para cenar en los restaurantes más prestigiosos de Nueva York solo podía comer galletas y leche; no podía dormir ni sonreír; parecía que el resto de su vida se había congelado en el tiempo.

El hombre más rico de Estados Unidos consultó a los mejores médicos del mundo, pero ninguno fue capaz de curarlo. Estos médicos, con mucha gravedad, determinaron que a John solo le quedaba un año de vida.

En una ocasión John se despertó en un estado de gran temor y pánico.

—Tuve un sueño aterrador —dijo más tarde—. Estaba a punto de abandonar este cuerpo; la muerte me estaba llamando y casi me di por vencido. Pero entonces escuché la voz de un ángel que me dijo: «Tu misión en la tierra no ha terminado, que no te preocupe si vas a morir o no, tu vivirás. Eres un hombre con un gran destino que cumplir en la tierra. Recuerda esto y no lo olvides. Cuando abandones esta tierra, deberás dejar tus riquezas» (Tan, 1998).

Este sueño causó una gran impresión en John D. Rockefeller. En ese momento, su fortuna total era una cifra cercana a los 900 millones de dólares, y el sueño reavivó su deseo de donar su dinero en beneficio de la humanidad. Tras encontrar formas nuevas y radicales de ser generoso, John regaló 540 millones de dólares.

Algunas personas consideraron este acto insensato o ilógico, pero John se dio cuenta de algo. No solo no podía dar más que Dios, sino que tampoco podía perder de vista el hecho de que el Dios Altísimo le había permitido tener dinero principalmente para darlo.

John expresó:

—Parece que fui favorecido y obtuve beneficios porque el Señor sabía que yo devolvería lo recibido (Mike, 2018).

En cuanto retomó sus extravagantes donaciones, la empresa petrolera de Rockefeller, Standard Oil, empezó a tener ganancias extraordinarias. Aunque regaló la mayor parte de su fortuna, obtuvo aún más riqueza. Por sorprendente que parezca, en el momento en el que empezó a donar una parte de sus ganancias, la química de su cuerpo se alteró de forma tan significativa que se recuperó. Parecía que iba a morir a los cincuenta y tres años, pero vivió hasta los noventa y ocho.

John D. Rockefeller fue ungido para los negocios y se le permitió obtener riquezas porque Dios sabía que él estaría dispuesto a donar su dinero para ayudar a otros.

—Creo que el poder para hacer dinero es un don de Dios —afirmó John más adelante—, y que mi deber es seguir ganando más y más dinero, y emplear el dinero ganado en beneficio de mis semejantes según los dictados de mi conciencia (Grant, 2001).

Uno de los mayores logros alcanzados por John D. Rockefeller con su dinero fue el establecimiento de *The Giving Pledge* (La promesa de dar), que desafía a las personas adineradas a donar al menos la mitad de su fortuna, ya sea en vida o después de su muerte.

Capítulo 2

LA HIGIENE ES SAGRADA

William Colgate (1783-1857)

> La única luz espiritual del mundo proviene de Jesucristo y del Libro inspirado; la redención y el perdón de los pecados solamente a través de Cristo. Sin su presencia y las enseñanzas de la Biblia, estaríamos envueltos en la oscuridad moral y la desesperación.
>
> Samuel Colgate (hijo de William Colgate)

¡Bum! ¡Bum! ¡Bum!

Los fuertes golpes despertaron al joven William. ¿Quién podría estar llamando a la puerta a estas horas de la noche? El chico se levantó de la cama dando tumbos y se echó una manta sobre los hombros. Las noches de invierno en Inglaterra eran frías. El viento se colaba por las rendijas de la granja y lo invadía todo.

—¿Quién es? —preguntó William al llegar al pasillo. Sus ojos se adaptaron a la luz de la antorcha que su padre sostenía junto a la puerta principal aun cerrada. El rostro de su padre tenía una expresión firme. William se mordió el labio inferior hasta sentir el sabor metálico de su propia sangre.

Que alguien llamase a la puerta pasada la medianoche solo podía significar problemas y daba la sensación de que el peligro se había ido acumulando en los últimos meses. Su padre tenía unas opiniones muy radicales sobre la libertad de Estados Unidos y no se las había guardado para sí mismo. Por desgracia para él, a los funcionarios del gobierno no les gustaba que los desafiaran en tiempos de guerra.

William pensaba a toda velocidad. Era posible que arrestaran a su padre y que no volviera a verlo. Parpadeó en la penumbra. Con solo doce años y siendo el hijo mayor, se convertiría en el hombre de la casa.

Extendió la mano para tocar el brazo de su padre.

—¿Tienes que abrir la puerta? —preguntó—. Quizás es más seguro mantenerla cerrada.

Su padre lo miró con una sonrisa de reproche.

—Hijo —le dijo—, nunca temas defender aquello en lo que crees.

Giró el pomo de la puerta y esta se abrió.

—¿Sr. Colgate?

En la puerta había una única figura con un pesado abrigo. William lanzó un silencioso suspiro de alivio. No eran guardias, solo un joven que parecía estar empapado y con frío.

—Tengo un mensaje importante para usted —le dijo.

El padre de William lo invitó a entrar, trajo pan y té y le indicó a William que alimentara el fuego para que su invitado se calentara. Luego se sentaron juntos a conversar.

—El primer ministro está preocupado por usted, me ha enviado para prevenirlo —dijo el hombre—. Si continúa hablando en contra del rey, afirmando que los estadounidenses deben tener derechos, será arrestado. Entonces, quien sabe qué le podría ocurrir a usted. —Hizo una pausa y miró hacia William—. Y a su familia.

La mirada del padre de William se ensombreció, pero sus labios se mantuvieron firmes.

—El primer ministro Pitt es un buen hombre y siempre ha sido mi amigo —respondió al joven mensajero—, puede decirle que no se preocupe, nos alejaremos del peligro. Este no es el momento del cambio aquí en Inglaterra, pero quizá Dios utilice a nuestra familia para lograr algún efecto positivo en otra parte del mundo.

Los ojos de William se abrieron de par en par. ¿Se marcharían de Inglaterra? ¿Pero a dónde irían? ¿Qué harían cuando ya no tuviesen su granja para trabajar?

A la mañana siguiente el padre dio la noticia al resto de la familia. Abrió la Biblia y leyó las palabras de Jacob:

> «E hizo Jacob voto, diciendo: Si fuere Dios conmigo, y me guardare en este viaje en que voy, y me diere pan para comer y vestido para vestir, y si volviere en paz a casa de mi padre, Jehová será mi Dios. Y esta piedra que he puesto por señal, será casa de Dios; y de todo lo que me dieres, el diezmo apartaré para ti» (Génesis 28:20 22).

—Dios estará con nosotros —dijo su padre— dondequiera que vayamos.

La familia se embarcó con destino a Baltimore, Estados Unidos. El viaje fue largo y mientras William contemplaba el horizonte azul reflexionaba sobre su futuro. Su padre había hablado de buscar una granja cuando llegaran pero no estaba seguro de que la vida de granjero fuera para él. Se suponía que Estados Unidos era la tierra de las oportunidades, ¿no? Tal vez había otra actividad que él pudiera llevar a cabo.

Encontró esa *otra actividad* cuando su padre dejó de cultivar su nueva propiedad en Maryland y empezó a fabricar jabón y velas. A William le atraía la idea de crear algo nuevo y observaba con entusiasmo cómo su padre trabajaba con su socio para fabricar estos productos desde cero.

Por desgracia esta sociedad no tuvo éxito. Se disolvió al cabo de dos años y su padre retornó a la agricultura. A los diecinueve años, William decidió que insistiría con el jabón.

—Me dedicaré a los negocios por mi cuenta — informó a su familia.

Por desgracia este negocio también fracasó al cabo de un año. William se sentía decepcionado pero no se iba a rendir y decidió que lo volvería a intentar en Nueva York.

El trayecto fue largo y mientras William se desplazaba en un barco del canal, hablaba con el capitán.

—¿Adónde te diriges, hijo? —le preguntó el anciano.

—A Nueva York, a hacer jabón —respondió William.

—Jabón, ¿eh? —El capitán lo miró con los ojos entrecerrados—. Eres un chico listo. ¿Sabes?, dentro de poco alguien será el principal fabricante de jabón de Nueva York y ese podrías ser tú —El hombre se rascó la barbilla—. Déjame darte un consejo: haz un jabón de calidad, ofrece una libra entera y bien hecha y nunca pierdas de vista el hecho de que el jabón que haces te lo ha dado Dios. Hónralo compartiendo lo que ganes, empieza por dar el diezmo de todo lo que recibas.

Esas palabras se le quedaron grabadas a William. Durante la travesía también le vinieron a la mente los versículos de Génesis que su padre había leído cuando se marchaban de Inglaterra. El voto de Jacob se refería precisamente a eso: dar a Dios. ¿Qué cosa? ¿La décima parte de todo? Abrió su Biblia y volvió a leer el pasaje: «Y de todo lo que me dieres, el diezmo apartaré para ti» (Génesis 28:22b).

En su corazón se sintió desafiado. Dios le había dado estas oportunidades. Fue Dios quien creó cada uno de los ingredientes del jabón que le gustaba hacer. Si había recibido tanto, ¿por qué no poner a Dios en primer lugar en su vida y darle una décima parte de sus ganancias? Decidió que daría el diezmo a partir del primer dólar que ganara.

William Colgate y Compañía se estableció en la calle Dutch de Manhattan en 1806 con el fin de elaborar y comercializar jabones y velas. La empresa fue un éxito desde el principio y a medida que esta crecía, William seguía dando a Dios.

—Abran una cuenta especial para el dinero destinado a la obra del Señor —dijo a sus contables.

Al principio dio el 10% de sus ganancias pero más adelante aumentó al 20%, luego al 30% y finalmente, llegó a la mitad de sus ingresos personales.

William había construido su negocio sobre principios bíblicos y estaba claro que Dios guiaba su camino mientras se convertía en uno de los hombres de negocios más prósperos de la ciudad de Nueva York. De hecho, parecía que cuanto más dinero daba a Dios, más próspero se volvía. Dios estaba cumpliendo la promesa que había hecho a la gente que paga sus diezmos. Él había dicho: «Abriré las ventanas de los cielos, y derramaré sobre vosotros bendición hasta que sobreabunde» (Malaquías 3:10). William era el rey del jabón de la ciudad de Nueva York.

Maduró en su fe cristiana y vivió con el vehemente deseo de ayudar a los misioneros y a las obras de caridad. Fue diácono en su iglesia bautista de la calle Oliver y dio dinero para apoyar las misiones en el extranjero. Ayudó a fundar la *American and Foreign Bible Society* (Sociedad Bíblica

Estadounidense y Extranjera) y fue un generoso donante de la Universidad y el Seminario Teológico Madison (que pasó a llamarse Universidad Colgate en 1890).

Conforme el negocio crecía, los hijos de William se involucraron en la empresa Colgate. Todos ellos eran generosos, tenían una mentalidad bíblica y eran buenos empleadores.

William Colgate murió en marzo de 1856 pero su nombre se pronuncia a diario en todo el mundo cuando la gente utiliza su jabón, su pasta de dientes y sus detergentes. Colgate-Palmolive es mundialmente conocida y querida, con productos que casi todo el mundo reconoce. En 2020 tuvo una facturación anual de más de 16 mil millones de dólares. Resulta asombroso lo que puede ocurrir cuando un joven aprendiz sigue su sueño, trabaja duro y agradece a Dios en todo lo que hace.

El deseo de William Colgate de ayudar a la gente estableció un legado que sigue transformando vidas en todo el mundo. William pasó de ser el hijo de un granjero fiel a sus ideas, que tuvo que huir para salvar su vida a convertirse en un próspero e influyente hombre de negocios que sigue marcando la diferencia en las vidas de generaciones de personas, gracias a su generosidad.

Capítulo 3

EL IMPERIO DE LA SALSA DE TOMATE

Henry J. Heinz (1844-1919)

> Hacer una cosa común de forma poco común trae consigo el éxito.
>
> Henry J. Heinz

El titular del periódico fue la gota que colmó el vaso: «¡Trío en apuros!», gritaba al mundo (Lukas, 2003), casi como si la quiebra y el fracaso fueran algo cómico y divertido. Henry sintió que ese titular era un insulto personal. Avergonzado y deprimido por el colapso de su negocio, estuvo en cama durante varios meses.

—¿Vas a bajar para la cena de Navidad? —imploró su esposa.

No se sentía con fuerzas para festejos, no tenía motivo. No había dinero para comprar regalos para los niños; no podría soportar ver la decepción en sus ojos. A los treinta y un años, Henry Heinz se sentía derrotado y no tenía ni idea de cuándo o cómo se recuperaría.

La depresión se apoderó del corazón de Henry que permaneció aislado en su habitación durante meses. Recordaba los tiempos mejores, los días llenos de optimismo y esperanza de su juventud. Rememoraba los olores de su huerto familiar, que tenía productos frescos todo el año.

El huerto había proporcionado comida más que suficiente para alimentar a sus padres y a sus muchos hermanos.

Un día, después de recoger todas las verduras del huerto, su madre le pidió que llevara la carretilla al pueblo y vendiera todo aquello que su familia no fuera a comer.

—¿Todo lo que sobra? —preguntó Henry.

—Todo —respondió su madre—. Necesitamos el dinero.

Henry se puso en marcha esa tarde, maniobrando la difícil carretilla lo mejor que podía. «El mercado ya habrá cerrado por hoy», pensó. «¿Cuál es la mejor manera de vender esta carretilla llena de verduras?». Quería obtener las mayores ganancias posibles para sus padres.

—De puerta en puerta —se dijo—. Empezaré por mis vecinos alemanes.

—*Guten tag, fraulein.* Buenos días, señora —dijo mientras se acercaba a una mujer que conocía de la iglesia luterana—. *¿Wie gehts?* ¿Cómo está usted? Hoy tengo las mejores judías frescas. ¿Quiere algunas?

Las verduras de la familia Heinz no eran difíciles de vender en su vecindario y Henry confiaba en la calidad de sus productos agrícolas. Pronto él y su carretilla se convirtieron en un elemento habitual del pueblo, apareciendo por las tardes con verduras y frutas de todo tipo y, aún mejor, con salsas, como la salsa de tomate. Henry había empezado a hacer salsas desde los nueve años utilizando las viejas recetas que su madre había traído de Alemania.

—¿Cómo sé que son frescas? —le preguntó un día un cliente—. El rábano picante que compré la semana pasada estaba insípido y amargo.

—A ver, ¿dónde lo compró? —preguntó Henry.

—En la tienda de comestibles —respondió el cliente.

—Mi rábano es diferente —dijo Henry, sosteniendo un frasco de vidrio—. Cuando se envasa en vidrio se puede ver lo que se obtiene. De mí solo recibirá la mejor calidad.

La idea de utilizar un envase de vidrio transparente en lugar de una lata era revolucionaria. Henry encontraba de manera instintiva soluciones a los problemas que veía en la venta de sus productos.

Gracias a ello fue capaz de vender más productos que sus competidores. Todas las tardes les entregaba el dinero de sus ganancias a sus padres. Su padre estaba impresionado por la ética de trabajo de Henry y por cómo seguía respetándolos y compartiendo sus ganancias.

—Esto está muy bien hijo mío —le dijo—. Ya que has demostrado que eres muy trabajador, te daremos más responsabilidades.

A los diez años Henry se convirtió en propietario de un terreno de casi un acre que le regalaron sus padres. Dos años después ya cultivaba hortalizas en algo menos de tres hectáreas y trabajaba duro todos los días para producir cosechas de calidad y venderlas. Pasó de la tambaleante carretilla a una carreta de caballos que facilitaba el transporte.

Sin embargo esto no era lo que su madre quería.

—La escuela luterana es una opción maravillosa para un chico como tú —solía decirle su madre—. El Señor quiere que te conviertas en un sacerdote luterano. Estoy segura de ello.

Pero Henry no estaba tan seguro. Aunque él tenía la fe en Dios de su madre, también sentía una clara atracción por los negocios.

Henry deseaba que su madre viera señales de una vocación diferente para su vida. Aun cuando estaba en la escuela secundaria, su pequeño negocio de verduras y encurtidos había crecido tanto que estaba contratando gente para mantener la demanda. Sus productos estaban muy bien surtidos en la tienda de comestibles local. El salario anual de un granjero en la década de 1860 era de 400 dólares. A los diecisiete años Henry había ganado más de 2000 dólares con su huerto en un verano.

Henry estaba convencido de que su verdadera vocación era ser un hombre de negocios para poder ayudar a los demás a través de las donaciones. Trabajó duro y consiguió pagarse los estudios en una escuela de negocios.

En 1869 Henry se enteró de que un amigo suyo, Clarence Noble, estaba buscando un socio para formar una nueva empresa. Clarence quería entrar en el negocio de la venta de rábanos picantes, encurtidos y otros alimentos envasados. Esto no podía ser una coincidencia. Juntos decidieron lanzar esta nueva empresa.

Al principio, la nueva empresa funcionó bien y Henry se mantenía muy ocupado. Invirtieron mucho en caballos y en carretas para las entregas. Aunque los caballos ayudaron a la empresa a funcionar con más eficacia, también aumentaron radicalmente los gastos generales del nuevo negocio. No obstante, con el respaldo del banco, seguían esperando un futuro brillante.

En 1875 todo cambió. Una crisis financiera paralizó a todo el sistema bancario de Estados Unidos. La empresa Heinz & Noble se convirtió en un daño colateral, estaba creciendo, pero dependía de la financiación del banco para seguir expandiéndose. Además, el precio del rábano picante estaba bajando en todas partes. Heinz & Noble se vio obligado a declararse en quiebra. La propiedad se vendió y el negocio cerró definitivamente.

Henry Heinz y su familia se quedaron en la ruina y esto destrozó a Henry. Estaba tan desanimado por este fracaso empresarial que fue víctima de una oscura depresión durante meses. A pesar de que estaba profundamente deprimido, también le agobiaba la idea de no poder pagar a sus deudores.

—Es posible que al estar en quiebra no tenga ninguna obligación legal de pagar mis deudas, no obstante, mi deber moral es pagarlas —le dijo a su mujer.

Como era muy estricto con la contabilidad, llevaba un libro de obligaciones morales en el que apuntaba cada céntimo que debía. No estaría tranquilo hasta que lo pagara todo.

Un día, mientras Henry estaba solo en su habitación y seguía luchando por escapar de las garras de la depresión, llamaron a la puerta.

—Henry —dijo su esposa suavemente a través de la puerta—, tu madre está aquí.

Henry ordenó sus ideas, se arregló la ropa y se dirigió al salón a ver a su madre.

—Henry, *liebling* —lo saludó ella con su habitual voz cariñosa—. Estos son todos mis ahorros —y le entregó una gran bolsa con dinero en efectivo—. Creo en ti con cada fibra de mi ser. Tú eres mi hijo y te quiero.

—No mamá, no puedo dejar que hagas esto —interrumpió Henry.

—¡Escúchame! Tú eres un empresario sabio y con talento. Me he dado cuenta de que dirigir un negocio es tu vocación, sé que tendrás éxito, ¡no renuncies a tu objetivo! Deberíamos crear una nueva empresa, una empresa familiar. Yo poseeré las acciones pero tú dirigirás el negocio. Sin duda lo lograremos. ¡Dios está con nosotros!

Heinz había vuelto al negocio. Con la inversión de su madre y el apoyo de la familia trabajó tan duro como siempre para que la salsa de tomate, los encurtidos y las salsas volvieran a estar en los estantes de las tiendas de comestibles. Tardó cinco años en pagar todas las deudas que tenía. Mientras tanto a la empresa le iba bien y pronto Henry volvió a ser el propietario legal.

La empresa familiar creció rápidamente. No pasó mucho tiempo antes de que la salsa de tomate Heinz, elaborada según la receta alemana de la madre de Henry, se hiciera muy popular. Una vez más él se aseguró de que los envases de vidrio mostraran la frescura del producto.

Henry compró más fábricas y empleó a más personas para su negocio en expansión. En ese momento, sus virtudes cristianas empezaron a diferenciarlo de otros propietarios de fábricas. Henry creía profundamente en hacer todo lo posible por cuidar a su personal y proporcionarle excelentes instalaciones. Todas las fábricas que poseía tenían un gimnasio y una piscina para los empleados. También ofrecía asistencia sanitaria, atención dental, seguro de vida y establecimientos educativos gratuitos. Eran beneficios sin precedentes para los empleados.

Dar a los empleados grandes beneficios y tiempo de descanso parecía poco rentable. Al fin y al cabo, si sus empleados no trabajaban, no había ganancias para Henry. Pero él había adoptado una perspectiva diferente: hacía el bien a los que le importaban. Si pretendía tomarse en serio el principio cristiano de amar al prójimo, más le valía empezar por sus más cercanos. El resultado de esto fue que Henry consiguió una plantilla leal y trabajadora. Los puestos de trabajo en las fábricas Heinz eran difíciles de conseguir ¡porque nadie quería irse!

En 1919, cuando Henry Heinz murió de neumonía a la edad de setenta y cinco años, dejó un negocio extraordinario pero también un importante legado de fe. La primera línea de su testamento decía:

> «Espero con ansia el momento en el que mi carrera terrenal llegue a su fin. Deseo exponer, al principio de este mi testamento y como su punto más importante, mi confesión de fe en Jesucristo como mi Salvador para siempre» (Leigh, 2013).

A lo largo de su vida, Henry demostró constantemente su fe en Dios.

Participó en su iglesia local enseñando en la escuela dominical y financiando los proyectos de la iglesia. También realizó viajes misioneros a Japón, China y Corea para dar testimonio entre aquellos que no conocían al Señor. Le apasionaba dar y ayudar a los más necesitados. Los que lo conocieron afirmaban que su vida reflejaba las enseñanzas de Jesús.

El consejo que Henry dio una vez a un joven empresario era un resumen de su filosofía de vida: «Haz todo lo que puedas honestamente, ahorra todo lo que puedas prudentemente, da todo lo que puedas sabiamente» (Medalla Carnegie de Filantropía 2007). La vida de Henry fue una demostración de la promesa de Dios:

> Dad, y se os dará; medida buena, apretada, remecida y rebosando darán en vuestro regazo; porque con la misma medida con que medís, os volverán a medir (Lucas 6:38).

Henry Heinz fue un mayordomo fiel a la hora de dar, por lo que el Señor tuvo a bien ayudarlo a prosperar y bendecirlo a lo largo de su vida.

Capítulo 4

EL SABOR DE LA VIDA

Asa Griggs Candler (1851-1929)

Asa veía su riqueza personal como un fideicomiso divino que debía utilizarse en beneficio de la humanidad.

Kathryn Kemp, biógrafa

—¡Sube, Asa! —exclamó su hermano—. Sube a la carreta, estamos listos para partir.

Asa, de once años, se apresuró a comer el último bocado del desayuno y salió corriendo por la puerta de la cocina hacia la entrada de la granja, donde su hermano mayor lo esperaba.

—Quiero sentarme arriba —dijo Asa.

Su hermano había tendido una cubierta de lona sobre la carga de maíz que llenaba la carreta. A Asa le gustaba sentarse en lo alto de las grandes ruedas de madera para ver el mundo pasar.

—No me importa dónde te pongas —dijo su hermano con impaciencia—. Solo hazlo rápido. Tenemos que irnos ya si queremos llegar al mercado y vender todo este maíz.

—¡Estoy *listo*! —exclamó Asa con entusiasmo, subiéndose encima de la carga—. ¡Vamos!

El viaje a la ciudad llevó a los chicos, con su caballo y su carreta, a través de los campos de su granja.

—¡Hay muchos baches! —dijo el hermano de Asa—. Agárrate bien.

—Estoy bien —respondió Asa, molesto por que lo trataban como si fuera más joven de lo que era. Al ser el octavo hijo de una familia de once, siempre había alguien dándole órdenes. Tenía que estar defendiéndose constantemente o lo pisoteaban.

—No, en serio —dijo su hermano, sacudiéndose en la parte delantera—, ¡agárrate!

—Estoy bi… —comenzó Asa. Pero la carreta se topó con un gran bache y Asa dio una vuelta de campana antes de caer al suelo de un golpe. Oyó un chillido y un crujido y luego todo se volvió negro.

Cuando Asa se despertó, el rostro de su madre, que flotaba frente a él, parecía borroso.

—¿Qué ha pasado? —preguntó él, pero ella se llevó el dedo a los labios.

—¡Shhh! No hables, solo descansa. —Ella le tocó el rostro con las manos—. Mi pobre bebé. Es un milagro que sigas aquí. Dios te ha salvado con un propósito.

Asa no solo se había caído de la carreta —lo que habría sido suficiente para causarle lesiones graves—, sino que su hermano mayor no había podido frenar a tiempo y la rueda le había pasado por encima de la cabeza. La recuperación fue lenta y las secuelas fueron migrañas recurrentes, sordera en un oído y problemas de visión que le afectarían por el resto de su vida (Kemp 2002, 10).

El accidente también le dejó la profunda e inquebrantable creencia de que Dios lo había salvado para grandes cosas. ¿Para qué? El aún no lo sabía. De momento solo tenía que recuperarse y seguir siendo un niño en una gran familia en tiempos difíciles.

El padre de Asa había sido un agricultor y comerciante exitoso, y era conocido en su comunidad por ser honesto y recto. Sin embargo, la Guerra Civil estadounidense estaba a punto de estallar y, cuando lo hizo, los ingresos se volvieron difíciles para la numerosa familia Candler. Ninguno de los niños pudo ir a la escuela durante la guerra y su madre luchaba por poner comida en la mesa. Asa aprendió a trabajar duro, como todos los niños de su familia, pero su oportunidad de ayudar a ganar algo de dinero llegó cuando oyó un ruido procedente del gallinero que había debajo de la casa.

—¿Qué ocurre Asa? —le preguntó su madre—. ¿Un zorro?

—Iré a averiguarlo —dijo el valiente Asa.

Asa bajó sigilosamente las escaleras y descubrió que se había metido un visón y estaba tratando de comerse las gallinas. Lo persiguió por el patio hasta que finalmente lo atrapó con sus propias manos.

—Te ha mordido —gritó su hermana cuando volvió triunfante a la cocina.

Asa se frotó el brazo sangrante.

—Sí, pero lo he atrapado.

Las pieles de visón eran valiosas y el joven Asa vio una oportunidad.

Consiguió convencer a un vendedor ambulante de que se la llevara a Atlanta e intentara venderla.

—Podría venderla hasta por 25 centavos de dólar—le dijo a su madre.

Se alegró mucho cuando el vendedor ambulante regresó no con una moneda de 25 centavos, sino con un dólar de plata. Asa pensó que donde había un visón, debía haber más. De repente le pareció que era una oportunidad única para montar un pequeño pero próspero negocio: cazar animales y vender sus pieles.

Cuando Asa tuvo la edad suficiente para ir a la universidad se planteó estudiar medicina, pero rápidamente decidió que prefería ganar dinero de inmediato.

—Deberías ir a la universidad —le dijo su padre—. Haz algo con tu vida.

Pero Asa, que había adquirido la costumbre de hacer oír su voz, le respondió a su padre que lo haría más adelante.

—En este momento necesito aprender todo lo que pueda trabajando —afirmó.

Asa empezó como aprendiz de farmacéutico durante un año y le fue bien, pero entonces su padre falleció. Al volver a casa pasó un tiempo ordenando la granja y manteniendo a su madre. La vida, tal como la conocía, estaba cambiando y él se encontraba en una encrucijada. Había llegado el momento de comprometerse seriamente con Dios.

La madre de Asa era la defensora de la fe cristiana en la familia: llevaba a los niños a la iglesia, oraba con ellos por la noche y los animaba a cantar y tocar himnos juntos. También había enseñado a sus hijos la importancia del diezmo y Asa abrazó esta enseñanza a lo largo de su vida. Tras la muerte de su marido, la madre de Asa se había aferrado a su fe como nunca y eso lo conmovió profundamente. Se unió de manera formal a la Iglesia Metodista y su fe se convirtió en una vehemente fuerza motriz en su vida.

En 1873, con solo 1,75 dólares en el bolsillo, Asa Candler decidió trasladarse a Atlanta. Allí encontró trabajo con un farmacéutico que casualmente tenía una hermosa hija llamada Lucy. Asa aportó a la farmacia su ética de trabajo en la granja, así como su habilidad para detectar oportunidades. No obstante, a su jefe no le convencía el hecho de que Asa pretendiera a Lucy. Por ello Asa se aventuró a establecer su propio negocio.

De nuevo, actuando de una manera que los demás desaprobaban, Asa se casó en secreto con Lucy cuatro años más tarde, y poco después tuvieron su primer hijo, Howard. Aunque se esforzaba mucho, el trabajo de farmacéutico no ofrecía el éxito que Asa esperaba. Además cada vez había más bocas que alimentar en casa, pues habían nacido cuatro hijos y una hija.

«Tiene que haber una oportunidad por ahí que nadie más ha visto», pensó. Quizá podría centrarse en medicamentos patentados o en preparaciones que utilizasen una receta secreta desconocida por los demás propietarios de farmacias. Compró unas cuantas patentes de diferentes medicamentos, pero nada despegó como él esperaba. Él no lo sabía, pero lo que esperaba ya se estaba fabricando allí mismo, en Atlanta (Georgia).

John «Doc» Pemberton era un farmacéutico de Atlanta que había inventado un refresco que, según él, tenía beneficios medicinales.

Por desgracia no sabía cómo comercializarlo ni cómo conseguir que otras personas invirtieran en él.

Al principio, cuando Asa supo de la bebida de Pemberton, no pareció interesarse por ella. Sin embargo, observó con atención la oportunidad para ver qué podía salir de esta nueva bebida. Finalmente, en el momento oportuno, compró la receta secreta por 2300 dólares, convirtiéndose en el único propietario de esta en 1891, por lo que la bebida que se convertiría en Coca-Cola ya era suya.

En ese momento se unieron las habilidades y la ética de trabajo de Asa. Coca-Cola alcanzó el éxito gracias a la publicidad. Asa sabía que necesitaba un público nacional para su bebida, así que la promocionó en todas partes, con todo aquello que se le ocurría: abanicos, calendarios, relojes de recuerdo y todo tipo de productos de mercadotecnia. Por todo el país se colocaron carteles con mujeres jóvenes y elegantes bebiendo Coca-Cola.

Fue el primer empresario nacional que utilizó a los famosos para comercializar su producto. Incluso repartió miles de cupones para conseguir un vaso de Coca-Cola gratis. Pensaba que si los clientes probaban este nuevo sabor de forma gratuita se enamorarían de él y querrían volver a beberlo.

La clave del producto de Asa era un *ingrediente secreto* que nadie más conocía. Asa no le dijo a nadie cómo se hacía y nunca escribió la receta. Él y su colega memorizaron la fórmula para que nunca pudiera ser robada o copiada.

Se rumoreaba que la Coca-Cola contenía cocaína[1], pero, en 1920, Asa ganó una batalla contra la Administración de Alimentos y Medicamentos de los Estados Unidos. La Coca-Cola era segura para su consumo y con ella se hizo millonario. La demanda del producto aumentó y el negocio creció tanto que cuando Asa la vendió en 1919, ganó 25 millones de dólares.

En los últimos años la Coca-Cola se ha vendido en más de doscientos países y es el mayor fabricante, distribuidor y comercializador de concentrados de bebidas no alcohólicas del mundo. Sus ingresos superan los 33 mil millones de dólares y cuenta con ochenta mil empleados. Todo ello gracias al joven Asa Candler, a su astucia y a su decidida ética de trabajo.

La fe cristiana de Asa y la forma en que esta se manifestaba en su vida diaria era lo más importante para él. Cuando más tarde en su vida le escribió a su hijo que estaba en la universidad, su consejo fue: «Vive de tal manera que no sea necesario decirle a los demás que eres creyente, pero en tu vida exhibe a Cristo constantemente» (Adams, 2012, 55). Asa exhibía a Cristo al compartir su riqueza y al hacer enormes donaciones a la Iglesia Metodista, a la Universidad Emory y a la ciudad de Atlanta. También donó fondos para construir el Hospital Wesley Memorial, que creció hasta convertirse en uno de los mejores hospitales de los Estados Unidos. Más tarde, el hospital pasó a llamarse Hospital de la Universidad Emory y sigue bendiciendo y curando a las familias hasta el día de hoy.

Él vivió según la idea de que su riqueza personal era un fideicomiso divino que debía utilizarse en beneficio de la humanidad y de que cada

---

[1] De hecho, en sus inicios, la Coca-Cola contenía cocaína. Sin embargo, en aquella época no se conocían las propiedades negativas de la cocaína. Este ingrediente se redujo gradualmente y luego se eliminó por completo.

uno debía hacer lo que pudiera por el bien común. Esta idea lo llevó a convertirse en alcalde de Atlanta en 1916. Él creía en el servicio y la ayuda a su comunidad.

En sus últimos años Asa donó toda su fortuna a la Universidad Emory, quedándose con solo lo suficiente para mantenerse. Los siete millones de dólares que donó a Emory resultaron muy provechosos para la joven universidad. Gracias a sus donaciones se le puso su apellido a la Escuela de Teología Candler en honor a su familia.

Asa murió en 1929, nada menos que sesenta y siete años después del accidente que pudo haberle costado la vida cuando era niño. Dios sí lo salvó con un propósito. Le dio a Asa la oportunidad de ser un hombre de éxito *y* generoso, y Asa aprovechó al máximo esta oportunidad.

Capítulo 5

NO HAY NADA MEJOR PARA TI QUE YO

Henry Parsons Crowell (1855-1944)

Tómate tu tiempo, piénsalo bien y busca la voluntad de Dios.
Henry Parsons Crowell

La tos empeoraba y ya no era solo por las noches. Su padre tosía y luchaba por respirar durante todo el día. Henry, que tenía nueve años, observaba a su madre, pálida y ansiosa, mientras enjugaba la frente de su marido e intentaba ayudarle a estar un poco más cómodo.

También miraba al médico, serio y tenso, que auscultaba el pecho de su padre y le tomaba el pulso. Sentía miedo. *Tuberculosis.* Al principio esta palabra se susurraba entre ellos, pero después, a medida que su padre se debilitaba y enfermaba se pronunciaba en voz alta.

—Henry debemos estar preparados —le anunció un día su madre con lágrimas en los ojos y lo estrechó entre sus brazos—. Papá está empeorando y los médicos no pueden hacer nada por él.

Henry estaba desolado. Cuando finalmente llegó el triste día del funeral de su padre y tuvieron que darle el último adiós, apoyó la cabeza en el pecho de su madre. Ahora tendría que ser fuerte para ella, pues ella lo necesitaba.

Solo unos años más tarde Henry empezó a sospechar que él mismo presentaba síntomas. Su miedo a la tuberculosis resurgió. No podía ser que tanto a él como a su padre se los llevara la misma enfermedad.

El médico lo examinó minuciosamente y luego los sentó a él y a su madre para emitir su diagnóstico.

—Sé que esto es difícil de asimilar muchacho—dijo recostándose en su silla—, pero a menos que hagas algo ahora, es muy probable que en los próximos años padezcas de tuberculosis.

Henry sabía lo que significaban las palabras del médico. Moriría joven a menos que Dios hiciera un milagro y lo salvara.

Los ojos de la madre de Henry se abrieron de par en par.

—¡Doctor tiene que haber algo que pueda hacer!

—No hay nada que *yo* pueda hacer. —La voz del médico era firme—. Pero sí hay algo que *él* puede hacer. —Se volvió hacia Henry y habló con vacilación. —Vivir aquí en Cleveland (Ohio) no es bueno para tu salud. Márchate muchacho, vete al oeste. Vive al aire libre, lejos de la ciudad. Respira el aire bueno y limpio y deja que tus pulmones se recuperen. No te arriesgues a morir de la misma enfermedad que mató a tu padre.

—¿Cuánto tiempo tardará Henry en recuperarse? —preguntó su madre.

El médico lo pensó un momento.

—Siete años, tendrá que permanecer en el oeste durante siete años.

La cabeza de Henry daba vueltas. ¿Abandonar a su madre? ¿A su familia?

Irse por siete años significaba que no podría ir a Yale. ¡Ni siquiera se graduaría de la escuela secundaria! Este diagnóstico era un golpe demoledor para sus sueños.

—No sé si podré hacerlo —le dijo a su madre.

Ella lo miró con lágrimas en los ojos.

—Es tu única esperanza.

Aunque amaba profundamente a su hijo, comprendía que este sacrificio era necesario. No podía soportar la idea de perder a su hijo a causa de la misma enfermedad que había llevado a su marido a una muerte prematura.

Cuando perdió a su padre Henry se refugió en Cristo para fortalecerse. La familia siempre había asistido a la iglesia y tras la muerte de su padre, Henry estableció una sólida relación con Dios.

Después de escuchar un sermón del famoso predicador D. L. Moody sobre cómo dar testimonio, Henry hizo un compromiso con Dios sobre su deseo de dedicarse a los negocios.

—No puedo ser un predicador —oró—, pero sí puedo ser un buen hombre de negocios. Dios, si me permites ganar dinero, lo utilizaré a tu servicio.

El trato era que si Dios le permitía prosperar, Henry mantendría su propio nombre al margen.

Henry recorrió los estados del oeste sin tener estudios ni formación de ningún tipo, por lo que tuvo que ser muy hábil en los negocios para triunfar. Durante esta etapa de su vida crio y vendió caballos con gran éxito. Afortunadamente al cabo de los siete años se le declaró curado de la tuberculosis. Había llegado el momento de volver a casa y orar por el negocio que fuera adecuado para él.

—Henry tengo una idea para ti —le dijo su tío un día—. En Akron (Ohio) están vendiendo un molino de avena en desuso.

—¿Por qué lo venden?

—Ha tenido dos propietarios y ninguno logró sacarle ganancias pero uno de ellos registró una marca para comercializar la avena, la primera marca de cereales de la historia. Al registrar la marca, nadie más podrá utilizar el logotipo en sus envases.

—¿Y cuál es la marca? —preguntó Henry.

—Es la figura de un hombre vestido de cuáquero.

—Cuáqueros —reflexionó Henry—. La gente asocia a los cuáqueros con los buenos valores y la honestidad.

—Deberías investigarlo al menos —dijo su tío.

Henry compró el molino Quaker en 1881, cuando la avena solo se utilizaba para alimentar a los caballos. Ante sí tenía la gran tarea de educar a los estadounidenses sobre los beneficios del cereal de avena. Vender la avena resultó ser todo un desafío. Los grandes sacos no se vendían. Su negocio estaba en apuros.

—Señor, muéstrame qué debo hacer —oró.

Pronto el Señor le respondió a través de una revelación. La avena siempre se había vendido a granel, en grandes sacos y contenedores que se colocaban en el suelo de las tiendas. A veces las ratas o los insectos se introducían en la avena y la contaminaban. Por ello la gente no se planteaba comprarla como alimento para el desayuno.

La idea de Henry era sencilla pero revolucionaria: vendería la avena en cantidades reducidas, colocándola en cajas pequeñas. Además las cajas eran perfectas para publicitar los beneficios de la avena como alimento para el desayuno.

Decidió contratar a otra persona para que se ocupara de las operaciones cotidianas del molino y se centró por completo en llevar sus cereales a las estanterías de las tiendas de comestibles y a partir de allí, a los desayunos de los estadounidenses.

Para su satisfacción, su idea funcionó. La demanda de Avena Quaker se disparó. Incluso durante la depresión de 1893, mientras las empresas quebraban o hacían recortes, Avena Quaker prosperaba. Henry había presentado su avena como una alternativa asequible y nutritiva para que las familias comieran en tiempos difíciles. La gente compraba avena en lugar de alimentos más caros como la carne de vacuno. Aprovechó la publicidad y consiguió que algunos famosos promocionaran sus cereales.

—¿Por qué tanta publicidad? —le preguntaban a Henry—. ¿Por qué no contratar a un equipo de ventas que convenza a los propietarios de las tiendas para que almacenen tu producto?

Su razón era simple: la publicidad dirigida a las amas de casa era más eficaz.

Al promocionar su producto directamente a las mujeres que lo compraban descubrió que éstas pedían a su tienda de comestibles que tuvieran existencias de Avena Quaker. No necesitaba pagar a un equipo de ventas, el producto llegaría a las tiendas por sí solo gracias a la demanda de los clientes.

A lo largo de su vida, la familia Crowell fue conocida no solo por su riqueza, sino también por sus fuertes creencias cristianas. Gracias a la influencia de D. L. Moody muchos años antes, Henry asumió con gusto la tarea de reorganizar y replantear el Instituto Bíblico Moody tras la muerte de su fundador. Financió empresas misioneras y proyectos de la iglesia de manera continua. Se comprometió a dar a más de cien organizaciones benéficas y causas cristianas. Conforme a las promesas de Dios, cuanto más daba, más prosperaba. Fiel al juramento que había hecho al Señor, permaneció la mayor parte de su vida en el anonimato.

—Haré tu trabajo Dios y mantendré mi nombre al margen. —Había prometido.

Hoy en día casi nadie reconocería su nombre ni sabría que fue un pionero industrial. Fue increíblemente influyente al compartir su fe cristiana y bendecir el reino de Dios. En octubre de 1943, Henry falleció de camino a casa en un tren suburbano, iba leyendo la Biblia. Para entonces había donado el 70% de su patrimonio a causas benéficas cristianas, como el Crowell Trust y el Instituto Bíblico Moody. Fue un ejemplo de lo que significa ser un verdadero empresario cristiano.

Capítulo 6

HAY UNA SONRISA EN CADA BARRA DE CHOCOLATE HERSHEY

Milton S. Hershey (1857-1945)

¿De qué sirve el dinero si no se utiliza en beneficio de la comunidad y de la humanidad en general?

Milton Hershey

El sombrero estaba deshecho, definitivamente estaba deshecho. Milton contempló dentro de la imprenta el sombrero de paja que se le acababa de caer, ahora roto y cubierto de tinta. Parecía que lo miraba con tristeza. Milton casi podía oírlo decir: «Eres un fracaso, Milton Hershey. Igual que tu padre antes que tú. ¿Alguna vez vas a tener éxito en algo?».

Suspiró y se agachó a recoger su sombrero dañado. Se había esforzado mucho en el puesto de aprendiz que su padre le había conseguido cuando abandonó la escuela después del cuarto grado. Sobre todo quería trabajar para que su familia se mantuviera estable y no tuviera que mudarse todo el tiempo. Pero ahora lo despedirían por su torpeza. Adiós a su oportunidad de hacer algo por sí mismo y de hacer que su madre se sintiera orgullosa. Tal vez sus vecinos tenían razón en lo que pensaban de él: acabaría como su padre, siempre yendo tras planes para hacerse rico y fracasando en cada negocio que intentaba.

—¡Milton! —Se giró cuando escuchó la voz de su jefe—. Estás despedido. Vete a casa hijo. No puedes quedarte aquí.

Arrastrando los pies, Milton regresó a su casa en Nine Points (Pensilvania) donde sabía que su madre, Fanny, estaría esperándolo. Ella creía en él pero también había creído en su padre hasta que él fracasó demasiadas veces y se fue de casa. ¿Qué haría ahora? Quizá no sabía lo que iba a hacer *él*, pero sí sabía lo que haría su madre: tras sus oraciones matutinas lo pondría a trabajar en las tareas del hogar.

—No hay nada como apreciar el trabajo duro —le decía constantemente.

Milton no estaba muy seguro de eso. Tenía la ligera sospecha de que su aprecio por el caramelo era más fuerte que su gusto por el trabajo duro. Cuando tenía dinero se compraba golosinas en la ciudad y las saboreaba durante todo el día. Su golosina favorita era el caramelo, le gustaba cómo se pegaba a los dientes. También le encantaba el chocolate suizo.

Mientras caminaba por la carretera se le ocurrió la idea: *¡podría hacer caramelos!* Su imaginación se despertó al verse a sí mismo en una tienda de caramelos, vendiendo dulces a jóvenes como él. La imprenta no le interesaba, nunca le había interesado, pero le encantaban los dulces. Le entusiasmaba la idea de inventar nuevos dulces y probar nuevas recetas. Esta podía ser una idea en la que finalmente podría tener éxito. Al menos podía intentarlo, ¿no?

Fanny Hershey, cuya confianza en su único hijo era absoluta, le encontró a Milton un puesto con un maestro confitero en Lancaster (Pensilvania). Esta vez no lo despidieron y cuatro años después estaba capacitado para fabricar caramelos. La imaginación de Milton se avivó cuando pensó en tener su propia tienda de dulces. Gran parte de la nación estaba empezando a trasladarse a ciudades más grandes. La cercana Filadelfia no era una excepción. Sabía que el crecimiento de la ciudad crearía dulces oportunidades de ganar dinero.

—Tía Mattie, ¿me podrías prestar algo de dinero? —le preguntó un día a su tía—. Me gustaría abrir mi propia tienda de dulces en Filadelfia.

Con diecinueve años y 150 dólares en el bolsillo se dirigió a Filadelfia y montó una tienda por su cuenta. Al principio la nueva tienda fue rentable, ya que atrajo el interés del público. Por desgracia, este nuevo interés no duró demasiado. Por mucho que trabajaba no lograba vender suficientes caramelos para mantenerse a flote. Con el tiempo, Milton no tuvo suficiente dinero para pagar sus facturas y se vio obligado a declararse en quiebra.

A sus ojos esto era un fracaso monumental. Sin embargo, no permitió que esto le desanimara para perseguir su sueño. Su visión de ser un exitoso fabricante de golosinas seguía viva. Cuatro años después, decidió volver a intentar la idea de abrir una tienda de golosinas. «El fracaso anterior seguramente fue a causa de la crisis económica», pensaba.

Esta vez su optimismo le dio una nueva visión y rumbo para triunfar. Aunque tenía grandes esperanzas, esta nueva tienda tampoco tuvo éxito. Volvió a declararse en quiebra. Era la segunda vez que lo hacía y solo tenía veintiséis años.

Si iba a acabar como su padre, bien podía ir a visitarlo, pensó Milton. Viajó a Denver para pasar tiempo con él. Había oído que su padre buscaba plata en las minas y pensó que él podría hacer lo mismo. Por desgracia, cuando llegó, descubrió que no había plata. Su padre volvía a estar sin trabajo.

Entonces Milton decidió buscar empleo en una empresa local de golosinas. Era un empleo que sabía que disfrutaría. Cuando empezó, Milton ignoraba que ese trabajo le daría el ingrediente secreto que necesitaba para pasar del fracaso al éxito.

—¿Estás usando leche? —le preguntó un día Milton a su jefe mientras lo veía hacer golosinas—. ¿Para los caramelos?

—Claro, los hace más cremosos. —Su jefe sacó un tarro de caramelos de un estante y se lo dio a Milton—. Prueba uno.

Milton mordió el suave y delicioso caramelo y quedó fascinado al instante. La cremosidad de la leche daba al pegajoso caramelo una suave textura y un sabor exquisito.

—Está delicioso —dijo—. ¿Me enseñas cómo hacerlo?

Utilizar leche fresca en sus caramelos era lo que le faltaba a Milton. Era el ingrediente secreto que lo haría rico, pero no tenía dinero para invertir en la idea. En 1886 cuando regresó a Pensilvania se imaginaba a sus familiares murmurando sobre él al pasar.

—Vagabundo irresponsable.

—Malgastó todo el dinero de su tía.

—Dos veces en bancarrota.

Pero Milton tenía tres personas todavía de su lado: la primera era su madre, la segunda era su amigo William Lebkicher —que había trabajado para él en Filadelfia— y su tercer apoyo era su tía Mattie, cuyo monedero seguía abierto para un préstamo. No dudaban de que acabaría triunfando con sus dulces ideas.

Milton comenzó a desarrollar lo que se convertiría en su famoso *Hershey's Crystal*, una golosina de caramelo. Lo fabricaba durante el día y lo sacaba por la noche y se lo vendía a los transeúntes desde un carrito expendedor.

—Se derrite en la boca —dijo William después de probarlo—. Este es perfecto. ¿Deberíamos publicitarlo?

—Ofréceles calidad —dijo Milton—. Ese es el mejor tipo de publicidad.

Milton creía firmemente en la publicidad de boca en boca.

La calidad de su caramelo hablaba por sí sola y pronto se corrió la voz. Su negocio creció rápidamente, pero no se dedicó solo a ganar dinero sino que compartió generosamente sus ganancias con los demás y sus donaciones aumentaron a medida que aumentaban sus ingresos.

—Milton mira esto —le dijo un día su madre sosteniendo una carta—. Es un gran pedido de caramelos desde Inglaterra.

—Déjame ver —dijo Milton. Leyó la carta y se quedó boquiabierto—. Es el mayor pedido de caramelos que me han hecho hasta ahora. ¡Vamos a vender a nivel internacional! ¡Dios está bendiciendo nuestro negocio!

Fue el comienzo del éxito para Milton Hershey. Su negocio, *Lancaster Caramel Company*, creció y comenzó a obtener grandes ganancias.

A Milton le gustaba viajar para visitar fábricas y exposiciones de caramelos. Las visitó a nivel internacional y en todos los Estados Unidos. En una exposición en Chicago se encontró con un innovador equipo alemán de fabricación de chocolate. Esto avivó su imaginación.

«Los caramelos solo son una moda. El chocolate es algo permanente», pensó.

En 1894, cuando tenía treinta y siete años, creó *The Hershey Chocolate Company* y aprendió por sí mismo a hacer chocolate. Para 1900 estaba listo para vender *Lancaster Caramel Company* por un millón de dólares y centrarse por completo en la producción en masa de barras de chocolate con leche.

—Yo estaba convencido de que si comercializaba un chocolate que fuera mejor que el de la competencia, y lo mantenía con una calidad absolutamente uniforme —afirmó—, llegaría el momento en que el público lo apreciaría y lo compraría (Prabook, s. f.).

El público apreciaba sus barras de chocolate y las compraba en grandes cantidades. Milton no tardó en darse cuenta de que necesitaría unas instalaciones más grandes si quería mantener el ritmo de la demanda. Junto con su esposa Catherine, con quien se había casado en 1898, Milton regresó a su lugar de nacimiento, el condado de Derry (Pensilvania), para construir la que se convertiría en la mayor fábrica de chocolate del mundo. Buscaba un lugar con vacas para obtener leche fresca, una mano de obra dedicada y una buena fuente de agua. El condado de Derry ofrecía todo esto.

Pero Milton no solo estaba interesado en construir una fábrica, también quería construir una ciudad modelo. Las ciudades industriales que habían surgido en aquella época no eran lugares cómodos ni bonitos para vivir. Esas ciudades no ofrecían a los trabajadores una buena calidad de vida.

Milton quería ofrecer algo totalmente diferente a sus empleados. La ciudad que construyó se conocería como Hershey (Pensilvania). Su madre siempre lo había inspirado con enseñanzas bíblicas y Milton seguía la «Regla de oro»: «Traten ustedes a los demás tal y como quieren que ellos los traten a ustedes». Para Milton, cuidar de sus empleados era tratarlos como a él le gustaba que lo trataran.

—Si te va bien, tienes que cuidar de los demás —se dijo—. Es una responsabilidad.

Para empezar construyó una oficina de correos y una residencia para los empleados de la fábrica. Cuando la ciudad creció, también abrió un parque público y plantó jardines para los residentes. Luego abrió un banco para que los empleados pudieran comprar y construir sus propias casas en la ciudad. Más adelante construyó iglesias, escuelas e instalaciones recreativas para asegurar que sus empleados vivieran cómodamente en Hershey (Pensilvania).

La astucia empresarial de Milton mantuvo el crecimiento de la empresa Hershey durante la Gran Depresión y las dos guerras mundiales. Su empresa se convirtió en la principal marca de chocolate y cacao. Su creatividad volvió a entrar en juego cuando en 1907 desarrolló y bautizó el famoso chocolate Hershey's Kiss. Este resultó ser uno de los chocolates más innovadores que el mundo ha conocido.

Sin embargo, en su vida personal las cosas no iban tan bien.

Milton y su esposa soñaban con formar una familia pero no pudieron tener hijos. Los Hershey hicieron realidad un sueño diferente: utilizaron la mayor parte de sus ahorros para fundar la Escuela Industrial Hershey que atendía a niños huérfanos. Esta escuela pasó a llamarse finalmente *Milton Hershey School.* Ahora atiende a más de 1.900 alumnos y es un lugar maravilloso donde los niños pueden recibir una educación.

Milton afirmó: «Uno solo es feliz en proporción a cómo hace felices a los demás» (Shell y Kraft, 2014).

En otra ocasión, cuando le pidieron que diera un consejo, Milton dijo: «Sé honesto; entrénate para un trabajo útil; ama a Dios» (Prabook, s. f.).

El mayor amor de la vida de Milton fue su esposa Catherine.

Por desgracia Catherine murió joven debido a una enfermedad debilitante del sistema nervioso. En marzo de 1915 Milton acudió a su lado en cuanto lo llamaron y se despidieron con mucho cariño. Catherine falleció con solo cuarenta y tres años. Fue el final de un matrimonio muy feliz. Milton nunca volvió a casarse y llevó consigo un retrato de su esposa durante el resto de su vida.

Una vez superada la pena, Milton dedicó gran parte de su tiempo a trabajar. Siguiendo las enseñanzas de su madre sobre el trabajo duro, Milton continuó ejerciendo hasta pasado los ochenta años. Los que trabajaron con él hablaban de su perseverancia y su constante preocupación por los demás. Vivió lo suficiente para ver el final de la Segunda Guerra Mundial y falleció en un hospital en 1945.

The Hershey Chocolate Company sigue siendo una de las mejores empresas de dulces del mundo. El ejemplo de calidad y generosidad de Milton junto con su creencia en la «Regla de oro» y su trabajo con el orfanato siguen siendo una parte importante de su legado. Si Milton Hershey se hubiera rendido ante el fracaso y no hubiera seguido la chispa de su vibrante imaginación, el mundo actual sería mucho menos dulce.

Capítulo 7

UN SABOR CELESTIAL

James L. Kraft (1874-1953)

> De todo el dinero que he invertido, el único que me ha generado rentabilidad de forma constante es el dinero que le he dado al Señor.
>
> James L. Kraft

Se veía bastante raro hablando con su caballo en plena calle pero ese día a James no le importaba mucho. Ya no podía más, le dolían los pies de andar de tienda en tienda pero, aunque trabajaba muy duro, no conseguía salir adelante.

—Necesito un socio comercial Paddy —le comentó a su caballo. Esperó un momento pero Paddy no se inmutó. James sonrió para sus adentros. ¿Qué esperaba que hiciera Paddy? ¿Empezar a hablar de repente? Se había criado en una granja lechera en Canadá rodeado de animales por lo que sabía que eran muy buenos escuchando, pero no tan buenos dando consejos.

En cambio su madre era muy hábil a la hora de decirle lo que tenía que hacer. En su cabeza, James podía escuchar su consejo más habitual.

—Ora por ello —le decía continuamente—. Si tienes un problema acude al Señor, él siempre te ayudará.

Claro que James oraba con asiduidad. En su familia menonita tradicional nadie se libraba de la oración. La oración antes de dormir se prolongaba ya que cada uno de los once hijos debía orar en su respectivo turno.

Ahora James necesitaba ayuda de verdad. Lo habían obligado a retirarse de una empresa en la que había invertido y solo le quedaban sesenta y cinco dólares. Entonces había escuchado en su cabeza el segundo consejo más habitual de su madre:

«Trabaja duro hijo; no dejes de hacerlo, no te rindas jamás».

Tenía que seguir intentándolo. James estaba acostumbrado al trabajo duro. En la granja siempre había algo que hacer. Él no era de los que se recluían en un rincón a lamerse las heridas, por muy difíciles que fueran las circunstancias. Su negocio giraba en torno a su alimento favorito: el queso. Sabía que estaba destinado a crear la mejor empresa de quesos del mundo. Sin embargo, hasta ahora no había logrado hacerla rentable.

—Paddy, ¿qué voy a hacer? —preguntó.

Paddy había sido la respuesta a su primer problema. James se había dado cuenta de que los propietarios de las tiendas acudían a un almacén mayorista a comprar queso. Si les facilitaba la compra del queso, quizá se lo comprarían a él. Para ello alquiló a Paddy y una carreta y empezó a repartir queso directamente a las tiendas. En aquella época no era habitual distribuir los productos de forma directa a los propietarios de las tiendas de comestibles.

Las tiendas estaban satisfechas con él, pero su negocio seguía sin ser muy rentable. Los días eran largos y resultaba difícil estar viajando constantemente. James tenía otro problema: el queso se estropeaba rápido y las tiendas de comestibles tenían que deshacerse de los quesos que se estropeaban. Por muy bueno que fuera el queso, ningún comerciante quería arriesgarse a comprarle demasiado porque si no lograba venderlo de inmediato, eso significaría una pérdida.

—Estoy haciendo todo lo que puedo —le dijo a Paddy—, pero no está dando resultados.

Una vez más James escuchó en su mente la voz de su madre. Era otro de los consejos que ella repetía constantemente a sus hijos: «Da a Dios lo mejor de ti».

James tuvo una revelación.

—¡Ya lo tengo Paddy! Esto es lo que debo hacer: tengo que orar y poner a Dios en primer lugar. —Se golpeó la rodilla con el puño y miró a su caballo—. Paddy, voy a dar el veinticinco por ciento de mis ganancias a Dios.

Este fue el punto de inflexión para el negocio de James. Cuando puso a Dios en primer lugar, su negocio se volvió más rentable de forma sobrenatural. Se hizo famoso por vender el queso de mayor calidad de todo Chicago. Su negocio prosperó y en 1909 llevó a cuatro de sus hermanos a trabajar con él. No obstante, algo le seguía preocupando.

El queso se estropeaba. Su mayor reto era encontrar la forma de elaborar un queso que durara más tiempo en las estanterías y que mantuviera su buen sabor.

Una noche, recostado en la cama recordó sus días en la granja lechera.

—Pasteurizábamos la leche —se dijo—, lo que hacía que durara más. Si pudiera trasladar esa idea a la fabricación de queso…

Con esta inspiración y mientras hacía sus entregas diarias James buscaba formas de hacer un queso que durara. Si tan solo pudiera mezclarlo con leche pasteurizada y envasarlo en recipientes estériles, no se estropearía tan rápido.

Durante meses James trabajó de día y realizó sus experimentos de noche. Fracasó una y otra vez pero se negó a darse por vencido.

En 1915, tras varios años de pruebas encontró por fin la respuesta por la que había estado orando. Con la cantidad adecuada de calor y un determinado tipo de procesamiento James pudo elaborar un queso que era justo lo que él había deseado. Esta revelación cambiaría el mundo de la fabricación de queso.

El descubrimiento de James llegó en el momento oportuno. La Primera Guerra Mundial había comenzado y los soldados necesitaban consumir alimentos nutritivos que pudieran enviarse sin que se estropearan. El queso enlatado de James era la ración perfecta. El gobierno estadounidense compró millones de dólares en queso y su negocio aumentó de tamaño de la noche a la mañana.

Expandiendo su negocio James empezó a enviar sus productos al extranjero. En Estados Unidos la gente consumía un 50% más de queso que antes, en gran parte gracias a sus productos. En 1928 su empresa empleaba a diez mil personas y vendía aproximadamente un tercio de todo el queso que se comercializaba en el país (Sponholtz, 2000).

El consejo de la madre de James lo acompañó durante toda su vida. Siempre llevaba sus problemas a Dios en oración, con la confianza de que recibiría una respuesta. Suponía que cualquier respuesta que permaneciera en su mente era una respuesta de Dios y esto resultaba ser correcto.

James continuó tomándose muy en serio la idea de dar a Dios. Desde el día que tuvo esa conversación con Paddy entregó al menos el 25% de sus ganancias personales a Dios. Algunas fuentes indican que al final de su vida él donaba *todas* sus ganancias personales a Dios, no se conformaba con dar solo el 10%. Solía decir que el diezmo era un buen punto de partida, pero que había que dar mucho más de lo que se requería.

La generosidad de James no se manifestaba solo con la entrega de su propio dinero. En 2015 se produjo la fusión *entre H. J. Heinz Company y Kraft Foods Group*. Ambas empresas compartían filosofías similares sobre las donaciones benéficas. En 2020 *Heinz-Kraft Foods* sigue siendo una empresa sólida que opera en más de doscientos países y tiene más de treinta y ocho mil empleados. *Kraft Foods* también hace grandes donaciones de alimentos y labores humanitarias de forma continua. En la actualidad, Kraft sigue colaborando con organizaciones sin ánimo de lucro como *Feeding America y Save the Children* en el sureste asiático (Mullen y Galia, 2020).

De una inversión inicial de sesenta y siete dólares en un caballo y una carreta en 1903, el negocio de James Kraft creció hasta valer más de 136 mil millones de dólares en 2018. James se convirtió en un hombre rico y exitoso, pero siempre declaró que Dios era lo primero. Fue miembro de la Iglesia Bautista North Shore y enseñó en su escuela dominical.

—Prefiero ser un laico en la Iglesia Bautista de North Shore que dirigir la mayor corporación de Estados Unidos —afirmó—. Mi primer trabajo es servir a Jesús (Joy Christian Ministries, 2015).

A lo largo de su vida James recibió varios doctorados honoríficos y el Premio Gutenberg de la Sociedad Bíblica de Chicago en 1952. Tristemente en 1953 a la edad de setenta y ocho años, James Kraft falleció debido a complicaciones durante una intervención quirúrgica.

Sin embargo su legado sigue siendo muy sólido. Sus hábitos basados en el trabajo duro, en la oración y en anteponer a Dios a todo lo demás fueron los pilares de una empresa que se convirtió en una de las más reconocibles del mundo.

Hoy es posible que los millones de personas que consumen los productos Kraft recuerden la conversación que James Kraft mantuvo con su caballo en 1903 y que transformó su empresa.

Capítulo 8

TODOS LOS DÍAS SON IMPORTANTES

James Cash Penney (1875-1971)

> La «Regla de oro» no encuentra límite de aplicación en los negocios.
>
> James Cash Penney

Jimmy, un niño de ocho años, lloraba a lágrima viva. Se arrodilló junto a su cama tratando de no pensar en las punzantes y dolorosas ampollas de sus pies. El cartón que había estado utilizando desde que las suelas originales de sus zapatos se habían desgastado no había servido ese día. La lluvia lo había deshecho y las afiladas piedras del suelo de la granja le habían lastimado los pies. Aunque el dolor era intenso, esa no era la razón por la que lloraba, lo hacía porque no se le ocurría ninguna solución.

—Señor, tú eres mi proveedor. ¡Deposito en ti mi confianza! —exclamó—. ¡Necesito tu ayuda!

Jimmy aún no lo sabía pero la respuesta a su sencilla oración a la hora de acostarse, cuando era un niño con los pies doloridos, preparó el camino para que creciera y se convirtiera en una persona íntegra.

Desde pequeño Jimmy había ayudado a su padre a llevar la granja. Disfrutaba de la rutina matutina de levantarse antes del amanecer y dirigirse al establo a ordeñar a Blossom, su vaca favorita. James, el padre de Jimmy, era un gran trabajador y controlaba de cerca su ganado y sus campos. Recorría la granja a pie cada mañana para asegurarse de que todos los animales estuviesen cuidados y alimentados. También era pastor de una iglesia local, donde el abuelo de Jimmy era ministro. James se había propuesto educar a su hijo para que se convirtiera en un hombre íntegro. De hecho, tanto el padre como el abuelo de Jimmy se unieron en numerosas ocasiones para sembrar en el corazón del niño semillas de integridad procedentes de la Palabra de Dios.

A la mañana siguiente a la de la oración de Jimmy pidiendo los zapatos, su padre entró en el granero para controlar a su hijo y lo encontró tarareando su himno favorito de la iglesia y ordeñando a compás a la paciente vaca.

—Mi pequeña luz —Un tirón—. Tiene que brillar —Otro tirón.

—¿Dónde están tus zapatos muchacho? —preguntó James.

Jimmy no debía estar en el granero descalzo. Era demasiado peligroso debido a las vacas. Estas podían pisotearlo y aplastarle los pies, o bien él podía pisar algo sucio o contraer una enfermedad. Hacía frío sin zapatos.

—Mis zapatos están en mi habitación papá —dijo Jimmy, girando la cabeza para mirar a su padre.

—¿Estás intentando pillar un resfriado hijo? ¿Es eso lo que intentas hacer?

—Papá déjame explicarte —Jimmy era consciente de que estaba en un lío. Le contó a su padre lo de la lluvia—. Necesito unos zapatos nuevos papá. ¿Me compras unos?

Su padre guardó silencio durante un instante. Todo lo que Jimmy podía oír era el suave masticar de Blossom mientras esta comía.

—No quiero que te enfermes hijo —dijo James, finalmente—. Sabes que no podemos pagar las consultas médicas. Termina con Blossom y luego entra y espérame en el estudio.

Esto era una mala noticia. Si iban a reunirse en el estudio, Jimmy estaba metido en un lío mayor de lo que creía, pero no lo entendía. ¿Cómo podían castigarlo por no llevar zapatos si no tenía?

Cuando James entró en el estudio Jimmy estaba muy nervioso. Su padre se sentó y miró a su hijo fijamente durante un momento.

—No creas que te he hecho venir aquí porque estés en problemas, no lo estás. Lo he hecho porque ya eres lo suficientemente mayor como para que tengamos una auténtica conversación de hombre a hombre.

Jimmy preguntó de inmediato:

—¿Tenemos dinero para comprarme unos zapatos?

La pregunta directa pareció pillar a James desprevenido. Jimmy nunca había visto a su trabajador y responsable padre tan conmovido. Sabía —todos lo sabían— que eran tiempos difíciles. Las conversaciones en voz baja entre sus padres durante la cena y los movimientos de cabeza cuando dos campesinos se reunían para hablar eran solo una pequeña muestra del problema existente. Cuando James empezó a hablar, se le llenaron los ojos de lágrimas.

—Hay algo muy importante que debo explicarte. En los últimos tiempos, tu madre y yo hemos tenido dificultades para mantener a la familia. No tenemos dinero para comprarte zapatos nuevos; de hecho, no tenemos dinero para comprarte nada de ropa. A estas alturas, a duras penas podemos alimentarnos —su padre respiró hondo—. Si tanto quieres unos zapatos nuevos, tendrás que encontrar la manera de comprártelos.

Jimmy miró estupefacto a su padre, pero de repente se entusiasmó. ¡Su padre creía en él! Su padre, James, que siempre estaba al mando había autorizado a Jimmy a hacer algo para remediar su situación. Ese tipo de estímulo debía significar que había *algo* que Jimmy pudiera hacer para ganar el dinero que necesitaba.

Se le ocurrió una idea. «A ver, los melones acaban de madurar. Nosotros cultivamos los mejores melones de todo el condado. La feria del condado, que está a solo tres kilómetros por la carretera, es este fin de semana».

Ese sábado por la mañana Jimmy se levantó antes del amanecer y llenó rápidamente la carreta con deliciosos melones, perfectamente maduros, que él y su padre habían cosechado hacía apenas un día. Con una gran expectación y confianza el joven se dirigió al recinto ferial. Su mercancía era perfecta. Vendería muchos melones y obtendría suficiente dinero para comprar un par de zapatos buenos y resistentes. Casi podía imaginarlos en sus pies.

Sin embargo, cuando Jimmy intentó ingresar por la puerta se encontró con un obstáculo imprevisto.

El hombre que controlaba la entrada le dijo:

—Debes pagar tu cuota de acceso hijo, todos los vendedores lo hacen.

—Yo solo vendo melones —protestó Jimmy, pero el hombre negó con la cabeza y frunció los labios.

—Todos los vendedores —recalcó.

Jimmy rebuscó en sus bolsillos. No tenía dinero para pagar el acceso a la feria del condado; no podría entrar para ganar dinero vendiendo sus melones y no podría comprar sus zapatos. ¿O sí?

Jimmy aparcó su carreta llena de melones a poca distancia de la entrada del recinto ferial y llamaba la atención de la gente a medida que se acercaba a la puerta. Para su deleite, los clientes no tardaron en acudir a su carreta y comprar melones por docenas. Al cabo de un rato Jimmy se dio cuenta de que necesitaba vender solo unos cuantos melones más para tener suficiente dinero para comprar unos zapatos nuevos. Se sentía como un guerrero a punto de ganar su primera batalla.

De repente, en medio del frenesí de ventas de Jimmy, un hombre saltó de una carreta que se acercaba y lo agarró por los hombros.

—¿Qué te crees que estás haciendo? —gritó.

Sorprendido, Jimmy se giró para encontrarse cara a cara con su consternado padre.

—Solo intento vender suficientes melones para comprarme unos zapatos papá —respondió Jimmy con voz débil y temerosa.

—Escucha hijo, lo que estás haciendo está mal. La gente en esa feria ha pagado el precio total para poder vender su producto. Te estás aprovechando de ellos. Tú no has pagado nada para competir con ellos. ¿Qué pensarías si ellos usaran tácticas ilegales para competir contra ti? —Mientras su padre se arrodillaba en el suelo, Jimmy se vio obligado a contemplar la mirada seria de su padre—. Recuerda este mandamiento y no lo olvides jamás: «Y como queréis que hagan los hombres con vosotros, así también haced vosotros con ellos» (Lucas 6:31).

Los ruidos de la feria se atenuaron en el fondo mientras el padre de Jimmy seguía hablando.

—Escúchame atentamente, no es casualidad que los zapatos que llevas puestos tengan agujeros en las suelas. No tendrías los pies llenos de ampollas en este momento si el dueño de la tienda local de ropa fuera un hombre íntegro. Él nos vendió zapatos defectuosos. Dios te está enseñando algo: debes tener integridad en todos tus negocios y él te ayudará a triunfar.

Las palabras de James penetraron profundamente en el corazón de este muchacho de ocho años, en aquella carretera polvorienta y concurrida. Las semillas que se sembraron ese día recogerían una gran cosecha. Con la ayuda y la orientación de su padre, Jimmy pagó la entrada y trasladó su carreta a la feria del condado. Vendió todos los melones y ganó el dinero que necesitaba para comprar unos zapatos nuevos. Tras buscar detenidamente compró el par de mejor aspecto y de mayor calidad que podía permitirse.

—Bonitos zapatos Jimmy —señalaron sus amigos cuando lo vieron en la escuela al día siguiente—, se ven muy elegantes.

Jimmy se sentía orgulloso y feliz. Había aprendido un principio que lo acompañaría toda su vida: una tienda de ropa debe mantener su integridad mientras vende productos bonitos, bien hechos y de alta calidad, a precios asequibles.

De adulto Jimmy pasó a llamarse «Golden Rule Penney» (Penney Regla de Oro). Siguió manteniendo el estándar de integridad que aprendió de su padre y de su abuelo, el estándar dado por Jesucristo. Creó una franquicia de tiendas de ropa al por menor, originalmente conocida como *Golden Rule Stores*. Tal vez recuerdes a Jimmy por el nombre de James *Cash* Penney. Más adelante, sus tiendas pasaron a llamarse *JCPenney*, pero Jimmy seguía sin querer vender ropa de mala calidad, como aquellos zapatos defectuosos que había usado de niño. Solo vendía cosas bien hechas y de buena calidad.

El éxito de las tiendas *JCPenney* hizo que Jimmy se convirtiera en el mayor minorista de Estados Unidos. Su integridad lo llevó a alcanzar sus metas y esas metas le abrieron nuevas oportunidades. Golden Rule Penney aprendió de su padre una lección sobre la integridad que cambió el curso de su vida y que permitió que millones de personas adquirieran productos de buena calidad que no se estropeaban.

> «Así que, todas las cosas que queráis que los hombres hagan con vosotros, así también haced vosotros con ellos; porque esto es la ley y los profetas» (Mateo 7:12).

Capítulo 9

RAYOS PUROS DE SOL EXPRIMIDOS

Anthony T. Rossi (1900-1993)

Dios me ama, y todo lo que Él hace es por mi propio bien.

Anthony Rossi

El primer rayo de luz empezaba a aparecer en la fresca y tranquila mañana de diciembre. El silencio reinaba en la hermosa ciudad italiana de Sicilia. Solo los entusiastas madrugadores como Anthony, de ocho años, estaban levantados y listos para desayunar a esa hora.

Anthony Rossi sonrió para sí mismo. Pronto disfrutaría de un delicioso desayuno. Se frotó la barriga esperando el momento. Un *brioche* y un jugo de naranja fresco… ¡Mmm! Después haría que sus hermanos salieran a jugar. Sería un buen día para hacer travesuras y divertirse. Miró el reloj. Solo eran las 5:15 de la mañana. Su madre no se levantaría hasta dentro de un rato, pero incluso entonces, el fuego no estaría encendido, ni se habría sacado el pan de la despensa. Tendría que esperar. Esperó y esperó.

Esperó todo lo que cualquier niño de ocho años podía esperar. Volvió a mirar el reloj: las 5:17. Suspiró. «¡Oh, bueno!». Tal vez podría idear una nueva forma de molestar al sacerdote en la misa o quizás algo divertido y fácil para echarle la culpa a su hermana.

De la nada surgió un ruido atronador y un repentino temblor. Anthony extendió la mano para mantener el equilibrio pero la propia casa se balanceaba. Afuera sonaba como si una lluvia torrencial estuviera cayendo sobre el techo. Abrió la boca para gritar pero el ruido volvió a cambiar. Esta vez sonaba como un terrible y aterrador silbido. La casa dejó de temblar y las paredes se desplazaron con violencia.

—¡Socorro!

Los gritos de la familia de Anthony llenaron las habitaciones.

Los niños llegaron corriendo, aterrorizados y gimiendo. ¿Qué estaba pasando? Nadie parecía saberlo.

Anthony y su familia habían sobrevivido al terrible terremoto de Mesina (Sicilia) en 1908; se habían salvado de la destrucción por muy poco. Esa mañana perecieron unas ochenta mil personas. La mayoría de los fallecidos estaban dormidos cuando comenzó el terremoto y nunca percibieron la calamidad que se avecinaba.

Anthony sollozaba.

—¿Qué significa esto? —le preguntó a su padre—. ¿Qué está haciendo Dios? ¿Acaso es un juicio?

Había pocas respuestas y mucho trabajo por hacer para reparar los daños y reconstruir la ciudad. Un año de temblores secundarios le recordaron a Anthony sus preguntas sobre Dios. Durante las siguientes décadas se dedicaría a buscar esas respuestas.

***

Desde la cubierta del barco Anthony suspiró emocionado al ver la Estatua de la Libertad. En 1921, el viaje de Sicilia a Estados Unidos duraba semanas, pero a Rossi, de veintiún años, eso no le importaba. Era joven y entusiasta y tenía muchos planes.

—Conseguiremos trabajo y ganaremos suficiente dinero para ir a África y rodar una película —dijo a sus tres amigos antes de embarcar.

En la personalidad de Anthony estaba el tener grandes sueños y elaborar nuevos planes constantemente. Cuando llegaron, Anthony solo llevaba treinta dólares en el bolsillo y no hablaba nada de inglés.

—*Buongiorno* —decía, saludando con la cabeza a todo el que se encontraba.

Como nadie le respondía, comprendió que tenía trabajo que hacer. Anthony no tardó en olvidarse de sus sueños cinematográficos ya que tenía que trabajar duro para ganarse el sustento. Aceptó trabajos de taxista, ayudante de mecánico y camarero. Luego ahorró el dinero suficiente para comprar una tienda de comestibles en Long Island, que administró durante trece años.

El negocio iba bien, pero el clima de Nueva York no le sentaba bien. Extrañaba el sol y el calor de Sicilia que tanto le gustaban de niño. No quería volver a Italia pero estaba convencido de que debía haber otra alternativa. Tal vez podría mudarse a otro lugar.

A sus cuarenta y pocos años, la vida de Anthony Rossi sufrió dos grandes cambios. El primero fue trasladarse a Florida. El clima cálido se parecía más al de su infancia en Sicilia y ¡allí cultivaban naranjas! ¡Su jugo favorito del desayuno volvería a estar en el menú! Al principio Rossi consiguió trabajo en una granja en la que cultivaba tomates. Volvió a ahorrar dinero y finalmente se lanzó a una nueva aventura. Esta vez, se trataba de un restaurante.

El segundo cambio fue espiritual. Rossi desarrolló un gran deseo de leer la Biblia. Todas aquellas preguntas sobre Dios y el juicio que surgieron a raíz del terremoto cuando tenía ocho años empezaron a obtener respuesta. Comprendió que la Palabra de Dios daba respuesta a las preguntas más difíciles de la vida. La Biblia afirmaba que Dios era lento para la ira y grande en misericordia.

Anthony comprendió que Dios era misericordioso, grande en amor y no se apresuraba a juzgar.

La Palabra de Dios decía que la vida conllevaba problemas y tribulaciones pero también que Dios proveería su Espíritu Santo para dar consuelo después de tales pruebas. Anthony entendió que su familia no había experimentado un juicio cuando él tenía ocho años. Por el contrario, había experimentado la liberación y la protección. La lectura de la Biblia le dio a Anthony una nueva devoción que transformó por completo su vida.

En Florida, Anthony y su esposa Sana se unieron a la Primera Iglesia Metodista. Cuando finalmente se establecieron en Bradenton (Florida), se hicieron miembros de la Iglesia Bautista Calvary. Complacer a Dios se convirtió en lo más importante para la familia Rossi. En su fe encontró la paz para todas las preguntas difíciles que se había planteado de niño. Su fe le dio la fuerza y la determinación para soportar las tribulaciones de la vida. Si tenía un problema, oraba por él y, en Cristo encontraba la paz.

Aunque el negocio del restaurante no funcionó, Rossi tuvo una nueva iniciativa empresarial. Florida era famosa por sus cítricos, incluidas las naranjas y Anthony conocía a varios empresarios de Nueva York. Decidió vender cajas de regalo de naranjas de Florida a los negocios de la ciudad de Nueva York. Esta empresa tuvo éxito y el negocio de Rossi se amplió. Comenzó a vender no solo los cítricos, sino también jugo de naranja exprimido.

En la década de 1950 inventó una nueva forma de envasar y transportar el jugo. Con su nuevo método el jugo de naranja podía almacenarse sin refrigeración y duraba tres meses en una estantería. Esto fue revolucionario y abrió más oportunidades para su empresa *Tropicana Orange Juice*.

Anthony fue conocido como el padre del jugo refrigerado en Florida (Florida Citrus Hall of Fame, s. f.), y trabajó duro hasta que se retiró en 1978. Vendió su negocio por la descomunal suma de 500 millones de dólares.

Destinó parte de sus finanzas a apoyar misiones cristianas tales como la creación de *Bradenton Missionary Village*, una comunidad para misioneros jubilados en Florida. También puso en marcha una organización llamada *Bible Alliance* que grababa cintas de audio con pasajes bíblicos en docenas de idiomas y las enviaba por correo al territorio misionero. Gracias a este ministerio que enviaba «pequeños misioneros» a todo el mundo, más de trescientas mil personas ciegas pudieron recibir una Biblia en audio (Aurora Ministries, s. f.). En 1983 la revista *Town and Country* designó a Anthony Rossi como uno de los diez estadounidenses vivos más generosos.

Anthony le otorgaba a Dios toda la gloria por su éxito. Se sabía que él era un hombre de oración. Siempre que necesitaba una nueva idea o la solución a un problema, él buscaba la ayuda de Dios. Dios, a su vez, lo convirtió en un gran líder empresarial que utilizó su sentido de los negocios para ayudar a los demás. Murió en 1993, a los noventa y dos años. La bendición sobrenatural de Dios siempre estuvo presente en su vida. Dios sabía que Anthony tenía un gran propósito —utilizar su don empresarial para ser una bendición para el mundo—, y Anthony cumplió ese propósito dando generosamente una parte de lo que ganaba.

Capítulo 10

AHORRA DINERO, VIVE MEJOR

Samuel Walton (1918-1992)

> Las personas de aspecto común son las mejores del mundo: esa es la razón por la que el Señor crea tantas.
>
> Abraham Lincoln

—¡Ya basta Sammy! —gritó Bob, el hermano menor de Sam mientras se limpiaba la leche tibia de la camisa—. ¡Me has manchado otra vez! Es repugnante.

—¡Ja, ja, ja! ¡es gracioso! —dijo Sam, riéndose, pero se acercó a su hermano—. Lo siento.

—Lo has hecho a propósito —dijo Bob, que seguía enojado.

Sam tuvo que estar de acuerdo. Rociar a Bob con la leche de la ubre de la vaca hacía más divertidas las oscuras y frías mañanas en el establo de ordeño, pero se sentía mal.

—Terminaré tu parte del ordeño si quieres —ofreció como gesto de paz.

—Bien, te sustituiré en el gallinero—contestó Bob.

Ambos chicos habían ayudado en la granja familiar desde muy pequeños. En una granja todo el mundo tenía que colaborar y a Sam no le importaba. Pero seguía teniendo el deseo de ganar su propio dinero y hacer algo por sí mismo. Era una idea que crecía cada vez más en su mente hasta que una mañana, a la edad de ocho años, se despertó muy temprano con el corazón palpitando de emoción. Su plan estaba completo. De alguna manera, sabía exactamente lo que iba a hacer. Lleno de entusiasmo corrió por el pasillo aún oscuro hasta el dormitorio de sus padres y golpeó la puerta.

—¡Papá, abre la puerta!

William, el padre de Sam, se levantó sobresaltado de la cama y abrió rápidamente la puerta.

—¿Qué pasa Sam?

Sam saltaba de entusiasmo.

—Tengo una idea.

William se sentó en un cómodo sillón y se restregó los ojos para quitarse el sueño. Acercó a su hijo mayor y lo colocó frente a él.

—Bueno Sam, ¿qué pasa? Dime lo que tienes en mente.

Sam respiró hondo y con seriedad miró a su padre directa y fijamente a los ojos.

—Creo que ya es hora de que tengamos una conversación seria sobre el duro trabajo que hago en esta granja.

El padre de Sam se rio.

—¿Cómo?

Sam continuó:

—De hecho, creo que ya es hora de que me ponga a trabajar por mi cuenta.

Sentado en el fresco y quieto amanecer, observando a su hijo serio y descalzo, el primer impulso de William fue reírse, pero al considerar la mirada seria de Sam, reconoció que su hijo había heredado su propia determinación empresarial.

William estrechó la mano de Sam con un firme apretón.

—Hijo si crees que es el momento de emprender un negocio por ti mismo, hazlo. Eres un chico humilde y muy valeroso y puedes hacer cualquier cosa que te propongas.

William era un hombre de negocios pero no todo el mundo admiraba el trabajo al que se dedicaba: recuperar propiedades para la empresa hipotecaria de su hermano.

El permiso de su padre era toda la motivación que Sam necesitaba e inmediatamente comenzó los preparativos para su primera empresa. Los campos y bosques que rodeaban la granja estaban repletos de vida salvaje. Sam puso trampas por toda la zona y pronto capturó y preparó un importante inventario de palomas y conejos.

El puesto de palomas y conejos de Sam funcionaba mejor que el promedio de los puestos del vecindario. Desarrolló su don natural para los negocios y pronto le fue bastante bien.

William le había enseñado diligentemente a su hijo a ser modesto y humilde en todos sus actos. Aunque el negocio les permitía vivir cómodamente, nadie sabía en realidad que la situación económica de la familia de Sam era mejor que la de la mayoría. Su familia se vestía y vivía igual que las demás familias campesinas de Misuri. El joven Sam había aprendido bien y seguía siendo un humilde empresario de ocho años que nunca presumía ni se jactaba. Esta precoz filosofía de humildad causó una profunda impresión en la vida de Sam y lo acompañaría en su prosperidad.

Una tarde mientras volvía a casa Sam, de catorce años, oyó la voz de un niño que gritaba desde un río cercano:

—¡Socorro! ¡Me ahogo!

Sin pensar en su propia seguridad Sam se lanzó al agua y sacó al niño. Para entonces el niño estaba inconsciente y no respiraba, pero Sam le practicó la reanimación cardiopulmonar hasta que empezó a respirar por sí mismo.

—¡Me has salvado la vida! —jadeó el niño.

—No es nada —respondió Sam con la modestia que lo caracterizaba.

La comunidad consideró a Sam un héroe y el rescate apareció en los titulares de la prensa local. Sam se sintió avergonzado cuando de adulto le pidieron que hablara del incidente. Nunca quiso que pareciera que estaba presumiendo o que era un héroe importante.

Sam conoció a su esposa Helen en la Universidad de Misuri, donde ambos estaban estudiando economía. Después de casarse decidieron montar un negocio juntos. En 1945 cuando Sam tenía veintisiete años se mudaron a Newport (Arkansas) donde compraron una tienda de la cadena Ben Franklin por 25.000 dólares. La tienda no funcionaba bien cuando la compraron, pero en dos años Sam la había convertido en el punto de venta Ben Franklin más rentable de una región de seis estados.

Sam y Helen Walton se trasladaron finalmente a Bentonville (Arkansas) y con la ayuda de Bob, el hermano de Sam, iniciaron una franquicia minorista de mayor tamaño. La primera tienda Wal-Mart Discount City abrió en 1962. El negocio funcionó bien y Sam se convirtió en un hombre muy rico.

Lo que hacía que su negocio fuese único era la idea del «liderazgo de servicio», que se basaba en el principio fundamental expuesto por Jesús en Mateo 20:28: «Como el Hijo del Hombre no vino para ser servido, sino para servir, y para dar su vida en rescate por muchos».

Quienes deseaban recibir un ascenso dentro de la empresa eran evaluados en su nivel de servicio y en cómo se relacionaban con los demás.

En 1991 se sabía muy poco de Sam Walton, pero fue nombrado el hombre más rico de Estados Unidos. Los periodistas acudieron a su ciudad natal, Bentonville, para averiguar más sobre él, pero cuando investigaron su historia se quedaron sorprendidos por el estilo de vida de Sam Walton. El hombre más rico de Estados Unidos se comportaba como un tipo común, conducía una vieja y destartalada camioneta con perros de caza en la parte trasera y para ir a trabajar vestía una gorra de béisbol, pantalones vaqueros y una camiseta. A la gente le sorprendió su humildad. No era el típico estilo de vida de un multimillonario.

—¿Qué esperan que haga? — se preguntaba Sam desconcertado—. ¿Que lleve a mis perros en un Rolls-Royce?

Sam se dio cuenta de que Dios le había concedido un don para ganar dinero y que debía utilizarlo para ayudar a los demás. Los socios de Wal-Mart estaban asombrados por las maneras evangélicas de Sam. Su jefe estaba muy interesado en que Wal-Mart tuviera éxito, pero no para él mismo; su visión era mejorar la calidad de vida de la gente reduciendo su costo de vida.

—El Sr. Walton tiene una vocación —decía el vicepresidente de Wal-Mart.

Otros comentaban que él hablaba como un apasionado predicador bautista.

Sam era un tipo corriente y no llevaba mucho dinero encima. En los viajes de negocios solía quedarse sin efectivo y pedía a un colega, Daniel Gould, que le prestara algo de dinero.

—¿Qué si Sam tiene dinero? —preguntaba Gould—. Llevo treinta años viajando con él y no se puede asegurar. De hecho, diría que no tiene dinero.

Fiel a las enseñanzas de su padre —incluso llegó a ser un hombre con un valor neto de 28 mil millones de dólares—, Sam no sentía ninguna necesidad de llevar una billetera llena de dinero ni de conducir coches llamativos.

Sam Walton simplemente rechazó el orgullo y abrazó la humildad. Solo voló en primera clase una vez en su vida.

Bernard Marcus, cofundador de Home Depot, viajó una vez con Sam en su camioneta. Más tarde comentó la falta de aire acondicionado y las manchas de café en los asientos. Se refirió a Sam Walton como un hombre humilde.

La humildad fue una de las ventajas competitivas de Sam en el crecimiento de Wal-Mart. Mientras que los competidores solían tomar el capital de una empresa joven para llevar un estilo de vida prestigioso, él no tenía necesidad de un objetivo tan vano. Sam Walton prefería mantenerse alejado de la opinión pública en la medida de lo posible. Escabullirse el domingo después de la iglesia para ir a cazar codornices le parecía suficiente.

En 1987 Sam Walton creó *Walton Family Foundation*. Esta fundación, que ha sido patrocinada de continuo por los descendientes de Walton, ayuda en tres áreas: la escolarización primaria y secundaria, la protección de las fuentes de agua limpia y la inversión en Arkansas, la región natal de Walton.

Entre 2014 y 2018 esta fundación donó más de 2.300 millones de dólares para la educación. Aunque Walton no era de los cristianos que predicaban en las esquinas, tenía una gran pasión por servir a los demás. Esta pasión la continúan sus hijos y los hijos de sus hijos.

«Dios resiste a los soberbios, y da gracia a los humildes».

Santiago 4:6

Capítulo 11

SI CREES QUE PUEDES, PUEDES

Mary Kay Ash (1918-2001)

> Hoy en día, una muchacha debe creer completamente en sí misma como persona. De entrada, tiene que comprender que debe hacer mejor el mismo trabajo que hace un hombre para obtener el mismo reconocimiento. Debe ser consciente de las diversas discriminaciones, tanto legales como tradicionales, que existen contra las mujeres en el mundo empresarial.
>
> Amelia Earhart (1935)

Era su primera reunión de directorio en su papel de gerente de la empresa. Mary estaba nerviosa y a la vez rebosaba de emoción al entrar en la distinguida pero intimidante sala de juntas con sus superficies de madera pulida. Su arduo trabajo y su éxito en la venta directa le habían permitido obtener este increíble puesto. Una mujer en la gerencia era poco común a principios de la década de 1960 y Mary era la única mujer que ocupaba ese puesto en *World Gift*. Tras años de duro trabajo por fin iba a poder demostrar a Sam, el presidente de la empresa, que también tenía buenas ideas de liderazgo.

La sala se llenó con los demás gerentes —todos hombres, por supuesto— que se saludaban y hacían bromas. Mary supo controlar sus sentimientos de ansiedad a medida que la reunión avanzaba. Sentía como si tuviera la responsabilidad de hablar en nombre de todas las mujeres de la empresa y llevaba mucho tiempo esperando la oportunidad de presentar sus ideas de gestión a los miembros del directorio.

Mary, cuya pasión era compartir un mensaje que significaba mucho para ella, quería ayudar a las mujeres a tener confianza en sí mismas y una alta autoestima. Este mensaje era tan importante para Mary que creía que Dios le había encargado compartirlo con las mujeres de todo el mundo.

—Y bien Mary —dijo Sam—, ¿qué ideas propones sobre cómo ayudar a nuestras vendedoras a ser más eficaces?

Mary se armó de valor.

—Me alegro de que me lo preguntes —comenzó con confianza, irguiéndose y sonriendo—. Creo que nuestra organización debe responder mejor a las necesidades emocionales de nuestras vendedoras. Deberíamos celebrar reuniones de empleados a las que invitemos a oradores motivacionales que animen a nuestras vendedoras a tener una mejor autoestima. No solo se convertirán en vendedoras más seguras de sí mismas, sino que también estaremos mejorando su calidad de vida en general.

Ante la sorpresa de Mary, todo el equipo directivo se echó a reír. Sus sonoras carcajadas se escucharon en toda la sala.

—Otra vez estás pensando como una mujer Mary —dijo Sam, aun riendo.

Mary entrecerró los ojos.

—¿Y eso qué quiere decir?

—Es que eres tan sensible —se reclinó hacia atrás y se cruzó de brazos—. ¿Por qué habríamos de centrarnos en la autoestima de nuestras empleadas? Nos preocupa mejorar los márgenes de ganancia. Tengo una idea mejor, una que las motivará.

«Aquí va otra vez con sus declaraciones misóginas», pensó Mary.

—Creo que deberíamos reducir el tamaño de nuestra plantilla.

Sus colegas allí sentados hicieron gestos de aprobación ante la afirmación de Sam.

—Cuando los empleados sienten que su seguridad laboral está en peligro se esfuerzan más por mantener sus puestos de trabajo. Solo las empleadas que cumplan sus objetivos de venta conservarán su empleo. Aquellas que no cumplan las cuotas mensuales serán despedidas.

Mary se levantó bruscamente. Los demás hombres presentes en la sala fijaron sus divertidas miradas en ella. ¿Se atrevería a enfrentarse a Sam? Se detuvo un momento, sin querer hablar, mientras todos la miraban. Estaba cansada de que la gerencia siempre menospreciara a las mujeres como si fueran inferiores, pero si hablaba en favor de las mujeres de la empresa arruinaría su propia carrera de veinticinco años en *World Gift*. Sería un gran sacrificio, pero si ella no defendía a las mujeres, ¿quién lo haría?

—¿Tienes algún problema con mi idea Mary? —la desafió Sam.

—Sí —dijo Mary con firmeza—. Sí que lo tengo, Sam. Pero lo más importante es que tengo un problema contigo. Estas mujeres se matan trabajando en beneficio de esta organización. ¿Cómo puedes ser tan desconsiderado? Todas necesitan sus puestos de trabajo. ¿Cómo te atreves a hablar de despedir a algunas de ellas y tomártelo tan a la ligera? Aunque algunas ventas son bajas, sé que volverán a la normalidad cuando nos recuperemos de esta última crisis económica.

—¡Mary deja de pensar como una mujer! —Sam recorrió la sala con la mirada y los demás hombres asintieron—. Por eso las mujeres no están destinadas a ocupar puestos administrativos. ¿No lo ves Mary? Lo siento, pero esta capacidad no está a tu alcance. Tomas decisiones emocionales sin dar prioridad a las cuestiones financieras de la empresa.

En ese momento Mary estaba a punto de estallar. Echó la silla hacia atrás. Cuando Sam oyó el chirrido de la silla en el suelo se irguió y prestó atención.

—Te diré lo que voy a hacer Sam. Saldré por esa puerta y crearé mi propio negocio. Ya verás cómo las mujeres sí pueden liderar. De hecho, verás que soy mejor líder de lo que tú jamás has soñado ser. Vas a lamentar que esta empresa me haya perdido. A partir de hoy seré tu mayor competencia —recogió sus notas y se alejó de la mesa —. Ya veremos si una docena de ejecutivos masculinos son capaces de superar a una mujer emprendedora. ¡Renuncio!

Con el mismo aplomo de siempre Mary mantuvo la cabeza erguida y salió con elegancia de la reunión de directorio. Al atravesar las pesadas puertas oyó que el equipo directivo se echaba a reír detrás de ella.

—Nuestra Mary se ve a sí misma como una especie de empresaria. ¿Te lo imaginas? —dijo una de las voces burlonas.

Las burlas avivaron la determinación de Mary. Ella tenía un sueño: crear una empresa mundial que tratara a las mujeres con igualdad y les diera las mismas oportunidades de ascenso en el trabajo. Era un sueño que estaba muy arraigado en su corazón y Mary creía que Dios la ayudaría a alcanzar el éxito. Estaba convencida de que la Biblia le decía que Dios estaba interesado en que triunfara.

Pero ¿cómo podría empezar esta iniciativa? Tal vez el primer paso era acudir a un abogado para constituir una sociedad de responsabilidad limitada. Ese mismo día Mary fue a visitar a su amigo Cal, que era abogado, para explicarle lo que deseaba hacer.

—Es un negocio para mujeres. Quiero potenciar su autonomía, fomentar la independencia femenina y la autoestima en general. Tengo 5.000 dólares ahorrados para invertir y tengo la certeza de que será un gran éxito —le dijo.

Cal sonrió mientras ella hablaba, como si estuviera evitando burlarse de su idea.

—Tengo una idea mejor para ti —dijo.

Mary se sintió confundida.

—¿Por qué no tomas tus ahorros y los escondes en algún lugar de tu casa? —le sugirió Carl—. Mantén el dinero a salvo de los planes e ideas que tienes en mente. Puedes esconderlo en un sofá. De ese modo no correrías el riesgo de perder los ahorros de tu vida.

Mary enderezó los hombros, asimilando valientemente cada palabra como si fuera un golpe.

Cal le sonrió.

—Hazte un favor y renuncia a esa idea tan noble y descabellada. Quédate en casa haciendo labores domésticas. Es más apropiado para una mujer de tu edad. Estoy seguro de que tu esposo estará de acuerdo conmigo.

Mary se levantó sin pronunciar palabra y salió del despacho.

Esa misma tarde, Mary fue a visitar a otro amigo. No estaba dispuesta a permitir que el desánimo obstaculizara su sueño. Su amigo también era su contable. Ella se sentía un poco menospreciada por lo sucedido en la sala de juntas y con el abogado. Se dirigió a la oficina de su amigo con la esperanza de que la animara, pero, lamentablemente, él tenía una mentalidad similar en lo que respecta a las mujeres emprendedoras.

—Mary las mujeres simplemente no son empresarias —dijo—. No quiero parecer desdeñoso, pero eso es lo que muestran las estadísticas sobre las mujeres de negocios. Las probabilidades están en tu contra. ¿De verdad crees que vas a superar todos los obstáculos y triunfar? Incluso los hombres tienen dificultades para ser empresarios. ¿Y dices que será internacional?

Por un momento, Mary quiso decirle lo que pensaba, pero se contuvo. «Las acciones son más elocuentes que las palabras», pensó. «Algún día verá que se equivoca».

Mary se encontraba en una encrucijada. Las dos personas que ella creía que estarían más que dispuestas a ayudarla habían despreciado sus ideas. Era el momento de volver a casa y hablar con su marido George. «Si George no cree en mí, supongo que esto simplemente no estaba destinado a suceder», pensó.

Para ayudar a persuadirlo Mary preparó el plato favorito de George para la cena.

—George tengo que comentarte algo —empezó a decir después de que su esposo había comido hasta saciarse—. En primer lugar, hoy renuncié a mi puesto de trabajo. Estaba harta de Sam. Creo que es un machista y me niego a seguir trabajando para él.

—Ya era hora —respondió George—. No veía la hora de que lo dejaras, cariño. Siempre me ha caído mal ese individuo. —Se acomodó y sonrió, limpiándose los dedos en la servilleta. —Sabía que esta deliciosa cena tendría un propósito. ¿Qué más tienes en mente?

—George lo que te voy a contar es muy importante para mí. —El rostro de Mary se iluminó de entusiasmo—. Tengo un deseo que consume mi espíritu; es un sueño que habita en lo más íntimo de mi ser. Creo que Dios me ha infundido este deseo. —Ella extendió la mano para tocar la de su marido—. Escúchame y si no estás de acuerdo házmelo saber con delicadeza.

—¿Qué ocurre cariño? —preguntó George tomando la mano de Mary entre las suyas—. Sabes que nunca te desanimaría ante algo que significa tanto para ti. Dime qué es, estoy contigo.

Ella animada continuó:

—Tengo una visión, la visión de crear una empresa. Tengo un plan de negocio para una empresa de venta directa que les permitirá a las mujeres sobresalir y desarrollar sus capacidades de liderazgo sin verse limitadas por la discriminación. Esta empresa será rentable y destinará una cantidad considerable de ingresos a organizaciones benéficas. Estoy decidida a crear esta empresa. No sé qué haré si mi sueño no se hace realidad.

Para su deleite su marido le respondió:

—Mary escúchame bien. Yo no solo te apoyaré en esta decisión, sino que tengo la plena certeza de que tu negocio tendrá éxito. Estoy contigo, haz lo que te dicte el corazón.

A Mary la invadió la emoción. Ahora nada la detendría.

—Yo me encargo de los aspectos administrativos —dijo George—. Tú solo dedícate a vender tus productos.

—Lo haré cariño —respondió Mary resplandeciente—. Seremos un gran equipo.

Mary y George trabajaron para hacer realidad las ideas de ella. Una semana antes de la apertura del nuevo negocio, Mary preparó un delicioso desayuno para que George comiera mientras repasaban los planes juntos.

Por el rabillo del ojo Mary vio que George se caía de la silla al suelo, se sujetaba el pecho y se desplomaba. Mary corrió para ayudarle. Comprobó su pulso y comprendió que su corazón había dejado de latir.

Temblorosa, a duras penas fue capaz de alcanzar el teléfono para pedir ayuda. Esperó aterrorizada a que llegaran los paramédicos pero le dieron una noticia terrible. George había sufrido un infarto y había fallecido. No podían hacer nada. Mary se quedó sin aliento y soltó un gemido de agonía.

—¿Cómo puede pasar esto? El hombre que amo acaba de morir. ¿Cómo puedo seguir viviendo sin mi mejor compañero?

Durante semanas lo único en lo que había pensado Mary era en su nuevo negocio. Ahora tenía que enterrar a su marido. ¿Pero enterraría su sueño?

En el funeral sus hijos le hicieron una pregunta que casi parecía inoportuna teniendo en cuenta el lugar.

—Mamá, ¿aún piensas abrir tu negocio esta semana?

—Sí —respondió ella—. George apoyó mi sueño y aunque no parece ser un buen momento, debo ver qué sale de ello. Prefiero intentarlo y fracasar que no haberlo intentado nunca.

—Estamos contigo mamá —respondió su hijo de veinte años.

Sabemos que el negocio significa mucho para ti, ábrelo y te ayudaremos como podamos.

Mary Kay abrió su negocio el 13 de septiembre de 1963. Ahora su sueño genera más de 3.000 millones de dólares anuales y es una auténtica realidad para más de 2,4 millones de consultoras de Mary Kay Cosmetics en todo el mundo. El negocio está liderado principalmente por mujeres y realiza generosas donaciones a organizaciones benéficas de forma continua.

En 1996 la empresaria creó la Fundación Mary Kay que tiene dos objetivos: el primero se centra en hacer donaciones a la investigación sobre el cáncer, especialmente el que afecta a las mujeres; el segundo, se ocupa de proporcionar fondos para refugios que ayuden a las mujeres víctimas de la violencia intrafamiliar. Desde 1996 la fundación ha donado más de 80 millones de dólares a organizaciones que se dedican a lograr estos objetivos.

Dios le concedió a Mary un sueño y a pesar de todos los obstáculos a los que se enfrentó, no permitió que su sueño muriera. Ella tomó la «Regla de oro» como filosofía rectora y se empeñó en dar prioridad a Dios tanto en su propia vida como en la de sus empleados.

Mary Kay transmitió su sabiduría diciendo:

> «Mis prioridades siempre han sido: primero Dios, segundo la familia y tercero la carrera. He descubierto que cuando pongo mi vida en este orden, todo parece funcionar. Desde el principio de mi carrera, cuando luchaba por llegar a fin de mes, Dios fue mi principal prioridad. A través de los fracasos y el éxito que he experimentado desde entonces, mi fe ha permanecido incólume» ("Celebrating Mary Kay Ash" [Celebrando a Mary Kay Ash], s. f.).

Mary Kay no aprovechó su éxito para beneficiarse a sí misma, sino para beneficiar a las mujeres en general y siempre ofreció y puso en práctica ejemplos piadosos ante las personas con las que trabajaba.

Adoptó tres virtudes que fueron fundamentales para su éxito: fue muy generosa, tuvo confianza en sí misma y nunca se dejó intimidar por el hecho de que sus colegas masculinos no creyeran en ella. A pesar de todas las dificultades que enfrentó siguió siendo optimista y cuando alcanzó el éxito no dudó en recompensar a todas las mujeres de su organización.

Capítulo 12

COME MÁS POLLO

S. Truett Cathy (1921-2014)

> Desde el principio, hemos intentado actuar anteponiendo las personas a las ganancias.
>
> S. Truett Cathy

—Dales la vuelta a los panqueques Truett. ¿Ves esas burbujas? Eso significa que ya están listos —le dijo su madre desde el otro lado de la cocina.

Truett dejó la mazorca de maíz que estaba desgranando, tomó su espátula y con cuidado le dio la vuelta a cada panqueque para que se terminara de hacer.

—Tienen buena pinta —dijo orgulloso, volviendo a la cesta llena de maíz en la que estaba trabajando.

—Buen chico —dijo su madre—. Hay muchas personas hambrientas que los quieren. Cuando ya estén, puedes ir a decir a los huéspedes que el desayuno está listo.

Truett se limpió las manos y se quitó el delantal antes de abrir la puerta de su pequeña cocina. Llamó a las puertas de las habitaciones de la casa y les avisó a las dos o tres personas que había en cada habitación que el desayuno estaba listo. Ya desde niño, Truett disfrutaba de servir comida a la gente hambrienta.

Al principio no entendía el motivo por el cual se mudaba tanta gente nueva a su casa. Resultaba difícil acomodarlos a él y a sus hermanos en los cuartos de atrás. Su padre había mencionado algo llamado la Gran Depresión, aunque aquello no tuviese nada de grande. El trabajo de su padre como vendedor de seguros no alcanzaba para pagar las facturas.

—Todos tendrán que colaborar —les había dicho a Truett y a sus hermanos—. Y ayudar a mamá.

Ellos ayudaban, pero a veces parecía que nunca dejaban de ayudar. Truett aprendió a desgranar maíz, a desgranar guisantes, a lavar los platos sucios, a poner la mesa y a dar la vuelta a muchos huevos y panqueques en la plancha.

—Es domingo mamá —le recordó Truett al volver a la cocina—. ¿No quieres ir a la iglesia?

Su madre suspiró.

—Me encantaría, pero mira todo esto. —Ella señaló la montaña de comida que había en la mesa de la cocina, esperando a que la preparasen—. Eso no se cocinará solo, ¿sabes? Y esas personas pagan un dólar al día por dos comidas. —Ella le dirigió una mirada penetrante—. Pero tú lávate y prepárate, aunque yo no pueda ir, tú sí puedes.

Truett le devolvió una mirada comprensiva. ¡Su madre trabajaba tan duro! Le gustaría darle un domingo libre para que pudiera ir a la iglesia, algo que a ella le encantaba hacer.

—Te sintonizaré la radio antes de irme a la escuela dominical —dijo—, para que puedas escuchar el mensaje.

Para Truett, el día favorito de la semana era el domingo. Él deseaba que su madre pudiera descansar y que ellos pudieran pasar un día en familia.

Ella le sonrió agradecida.

—Eres un chico bondadoso Truett. Eso te llevará lejos en la vida.

Truett disfrutaba sirviendo comidas a los huéspedes, pero quería ayudar aún más a su familia. Se le ocurrió que ganar un poco de dinero extra los ayudaría. A los ocho años Truett usó veinticinco centavos que había ganado para comprar un paquete de botellas de Coca-Cola. Separó las botellas y las vendió individualmente en el jardín de su casa por cinco centavos cada una.

—Cuando las haya vendido todas, tendré cinco centavos de más —le dijo a su madre con orgullo.

Pronto montó un puesto de refrescos en el jardín de su casa. A los once años encontró un negocio más rentable vendiendo revistas de puerta en puerta.

Cuando Truett cumplió doce años ocurrieron dos cosas que marcarían el resto de su vida. La primera fue que se asoció con su hermano, Dale, en una aventura empresarial. Juntos tenían su propia ruta de reparto de periódicos. Era una auténtica oportunidad de negocio. En cada ruta, los chicos tenían que buscar clientes, realizar los cobros y entregar los periódicos. Esta fue una gran experiencia de aprendizaje para Truett, quien se dio cuenta de que le encantaba tener a su hermano como socio comercial.

Truett procuraba tratar cada uno de los periódicos como si se fueran a entregar en la mansión del gobernador. Se aseguraba de que sus clientes no tuvieran que rebuscar entre los arbustos para encontrarlo. En los días de lluvia, lo llevaba hasta un lugar seco junto a la puerta principal. Él y Dale formaban un equipo y con el tiempo ganaron suficiente dinero entre los dos para que toda la familia se mudara a una nueva casa.

—¿Ves, mamá? —dijo con orgullo—. Aquí no hay huéspedes.

Ella le dio un abrazo.

—Eres un hombre de negocios con un gran talento —le dijo—. Tu ruta de reparto de periódicos es solo el principio. Un día tendrás un gran negocio propio.

Lo segundo que tuvo un impacto en la vida de Truett ocurrió cuando tenía doce años: se convirtió en cristiano. Él asistía a la iglesia desde que era muy pequeño, pero a los doce años hizo un compromiso solemne y personal con Jesucristo como su Salvador. Su fe comenzó a moldear su visión de la vida.

Su reciente devoción por Jesús le dio un nuevo amor por la Palabra de Dios. En una ocasión, en la escuela primaria, se pidió a todos los niños que llevaran un versículo de la Biblia. La maestra elegiría uno de los versículos bíblicos para esa semana y lo pondría en la pizarra. Truett eligió Proverbios 22:1 que dice: «De más estima es el buen nombre que las muchas riquezas». Ese proverbio fue siempre muy querido por él. Lo consideraba como algo por lo que vivir y en años posteriores, mantenía una copia del versículo en su oficina para que los empleados recordaran lo importante que era.

Ciertamente Truett no era el chico más inteligente de la escuela, ni tampoco el más popular. De hecho tenía poca confianza en sí mismo e incluso se sentía inferior cuando se trataba de chicas y de socializar. Sin embargo, cuando leyó un libro de Napoleón Hill titulado *Piense y hágase rico* su mentalidad cambió por completo.

—Si lo deseo con vehemencia, podré hacer cualquier cosa que me proponga —se dijo a sí mismo, y el panorama quedó preparado para un futuro más brillante.

Al terminar la secundaria, tanto Truett como su hermano, Dale, sirvieron en el ejército de los Estados Unidos. Lucharon valientemente por su país durante la Segunda Guerra Mundial. Al finalizar la guerra, en 1945, Truett recibió la baja honorable, al mismo tiempo que su hermano.

—Siempre hemos sido un equipo —le dijo Truett—. Montemos un restaurante juntos.

Él ya tenía algo en mente: un restaurante de comida rápida que estuviera abierto las veinticuatro horas del día y en el que se sirvieran hamburguesas y papas fritas.

—Tú trabajarás las primeras doce horas y yo las siguientes —le explicó.

El ejército había ayudado a Truett a desarrollar una ética de trabajo firme y resuelta.

El martes 23 de mayo de 1946, Truett y Dale Cathy abrieron *Dwarf Grill* en Hapeville (Georgia). El restaurante solo tenía cuatro mesas y diez taburetes en el mostrador. Trabajaron tanto para mantenerlo abierto las veinticuatro horas del día que apenas durmieron la primera semana. Cuando llegó el primer domingo, ambos hermanos estaban agotados.

—Debemos cerrar los domingos —dijo Truett—. Necesitamos un día de descanso. Y si nosotros necesitamos descansar, el personal que trabaja para nosotros también lo necesita.

Cerrar los domingos se convirtió en una de las piedras angulares del negocio de Truett Cathy. A medida que su empresa crecía, se negaba a ceder a la presión de abrir los domingos. Su gente necesitaba descanso, él necesitaba descansar y también deseaba que sus empleados tuvieran la oportunidad de asistir a la iglesia y pasar tiempo con sus familias. También creía que con ello transmitía a sus empleados la importancia de dar prioridad a Dios y a la familia.

Dos años después de abrir *Dwarf Grill*, Truett se casó con Jeannette McNeil, a quien conocía desde sus días de escuela dominical. Jeannette aprendió de joven la importancia de dar el diezmo. Siguiendo su ejemplo

Truett también comenzó a hacerlo. Truett fue testigo en primera persona de cómo Dios bendice a una persona que da con alegría. *Dwarf Grill* tenía cada vez más éxito.

Truett y Dale tenían la visión de ampliar su empresa. Pero la desgracia hizo que en 1949 Dale muriera en un accidente aéreo. Truett no comprendía lo sucedido. ¿Por qué querría Dios llevarse a su hermano dejando atrás a una joven esposa y a un hijo? Él no tenía respuestas.

Durante los siguientes catorce años el negocio de *Dwarf Grill* se mantuvo constante con poco crecimiento. En un determinado momento Truett consideró la posibilidad de cambiar las cosas para seguir el modelo de *Kentucky Fried Chicken*, al que le iba muy bien. Para ello tendría que abrir los domingos, pero estaba decidido a seguir dando un día de descanso semanal tanto a sus empleados como a sí mismo. Tuvo una nueva idea y sería el gran avance que necesitaba su restaurante.

La madre de Truett tenía una forma única de cocinar el pollo. Su manera de prepararlo hacía que quedara increíblemente jugoso. Cuando una empresa avícola le preguntó si estaba interesado en comprar los restos de los pollos, el producto principal que producían, él aceptó. Decidió que iba a crear un sándwich de pollo inigualable.

Tras varios ensayos y pruebas Truett estuvo finalmente listo para presentar su delicioso sándwich de pollo en *Dwarf Grill*. Al poco tiempo, las ventas del sándwich de pollo superaban a las de las hamburguesas. Estaba claro que este producto podía ir bien para el negocio. La venta de sándwiches de pollo en lugar de hamburguesas le daba a su restaurante una ventaja competitiva que diferenciaba su negocio de la competencia. Por fin había encontrado su nicho en la industria de la comida rápida.

Bautizó el sándwich con el nombre de marca *Chick-fil-A* y vendió la licencia a distintos establecimientos para que lo elaboraran. En los primeros cuatro meses se inscribieron 50, pero a Truett le preocupaba la calidad. El mejor plan a largo plazo sería abrir diferentes restaurantes cuyo propietario fuera la empresa para poder controlar la preparación de la comida.

Desde el principio Truett había incorporado abiertamente el cristianismo a su negocio en expansión. Lo había hecho cerrando los domingos, pero también colocando citas bíblicas en los vasos de poliestireno. En 1982 se produjo una importante recesión económica pero Truett se negó a recibir un sueldo para no tener que reducir el salario de sus empleados. Creía que los principios cristianos eran buenos principios empresariales.

Truett Cathy solía mencionar lo importante que era mezclar los negocios con la religión. Si bien los negocios eran importantes para Truett, el ministerio y el servicio a los demás también lo eran. Durante más de cincuenta años enseñó en la escuela dominical y fue un modelo positivo para muchos adolescentes. Siempre buscaba al niño que estaba solo o que procedía de un hogar roto y le prestaba una atención especial.

Él solía afirmar:

—Es mejor edificar niños que remendar hombres.

Estas palabras se convirtieron en el título de un libro que escribió.

A mediados de la década de 1980 fundó *WinShape Homes*, que comprende hogares de acogida para niños, lugares de retiro y campamentos para jóvenes. Solo en 2020 *Chick-fil-A* donó 32 millones de dólares a grupos que luchan contra el hambre y la exclusión social y que favorecen la educación. La empresa ha continuado el legado solidario de su fundador.

Para Truett, el negocio de los sándwiches de pollo se centraba mucho más en la gente. El afirmaba:

—Prácticamente en todos los momentos del día tenemos la oportunidad de dar algo a otra persona: nuestro tiempo, nuestro amor o nuestros recursos. Siempre me ha parecido más alegre dar cuando yo no esperaba nada a cambio (Schenk, 2014).

La declaración de objetivos de *Chick-fil-A* como empresa no incluye las palabras «sándwich de pollo», es mucho más amplia que eso:

> «Glorificar a Dios siendo un fiel administrador de todo lo que se nos confía. Tener una influencia positiva en todos los que entran en contacto con Chick-fil-A» (Chick-fil-A, s. f.).

En el caso de Truett Cathy, honrar a Dios, amar a la familia y ayudar a los demás produjo grandes frutos. Su empresa generaba más negocio en seis días que otros en siete y sus empleados podían estar con sus familias los domingos. *Chick-fil-A* se convirtió en una de las mayores cadenas de restaurantes de comida rápida de Estados Unidos. En 2014, cuando murió apaciblemente a la edad de noventa y tres años, Truett Cathy se encontraba rodeado de sus seres queridos.

Truett Cathy será recordado como él deseaba: una persona que sabía cuáles eran sus prioridades. Hacia el final de su vida comentó:

Vivimos en un mundo cambiante, pero debemos recordar que las cosas importantes no cambiarán si mantenemos nuestras prioridades en el orden adecuado (McDaniel, 2015, 86).

CONCLUSIÓN

Fui bendecido al poder escribir *Fe y prosperidad* y mi esperanza y mis oraciones están puestas en que tú también lo hayas sido al leerlo. Mi propósito al escribir fue compartir el hecho de que algunos de los más grandes empresarios de la historia de los Estados Unidos eran personas de negocios que daban el diezmo, temerosas de Dios y con un gran deseo de dar y ayudar a su prójimo.

Además de compartir lo que Dios puso en mi corazón con respecto a dar, también aprendí mucho más sobre quién soy y cuál es mi propósito para el reino de Dios. Me di cuenta de que Dios utiliza a los empresarios para promover su reino en el ámbito de los negocios. Los empresarios cristianos son una luz para la gente en el mundo de los negocios. He visto la medida en la que Dios nos recompensa cuando damos, y puedo decir con toda certeza que he comprendido que no podemos dar más que Dios. Cuando abrimos nuestras manos para dar, también estamos abriendo nuestras manos para recibir del Señor. Si alimentamos y vestimos a los necesitados, también estamos alimentando y vistiendo a Jesús. Dios recompensará nuestros actos de bondad con provisión y prosperidad.

Gracias por elegir y leer este libro. Que seas bendecido y camines en la fe. Permanece en oración por lo que Dios te pida que hagas por su reino.

¡Bendiciones!

BIBLIOGRAFÍA

Capítulo 1. Unción con aceite

Gross, Daniel. *Forbes Greatest Business Stories of All Time.* [Las mejores historias de negocios de todos los tiempos de Forbes]. Nueva York: Byron Preiss Visual Publications, 1996.

Kluth, Brian. "John D. Rockefeller: The First Billionaire". [John D. Rockefeller: el primer multimillonario]. *Financial and Generosity Illustrations, Stories, Humor & Quotes*, (2006): disponible en www.kluth.org.

Meah, Asad. "30 Inspirational John D. Rockefeller Quotes on Success". [30 citas inspiradoras de John D. Rockefeller sobre el éxito]. *Awaken the Greatness Within*, (2017 [Consultado en marzo de 2020]): disponible en https://www.awakenthegreatnesswithin.com/30-inspirational-john-d-rockefeller-quotes-success/

Mike. "Why John D. Rockefeller Could Teach Christian Millionaires". [Por qué John D. Rockefeller podría enseñar a los cristianos millonarios]. *God Interest*, (2018): disponible en https://godinterest.com/2018/06/09/why-john-d-rockefeller-could-teach-christian-millionaires

Rockefeller, John Sr. "Yes I Tithe". [Sí doy diezmo]. *Stories & Testimonies.* (2006 [Consultado en octubre de 2020]): disponible en http://www.wrcog.net/silver_treasures13.html

Segall, Grant. *John D. Rockefeller: Anointed with Oil.* [John D. Rockefeller: ungido con aceite]. Oxford, Reino Unido: Oxford University Press, 2001.

Tan, Paul Lee. *Encyclopedia of 15,000 Illustrations. From a sermon by Scott Walker, The Good and Beautiful God: God is Holy.* [Enciclopedia de 15.000 ilustraciones. De un sermón de Scott Walker: El Dios bueno y hermoso, Dios es santo], 1998.

Capítulo 2. La higiene es sagrada

Brott, Rich. "Business People Who Gave Generously". [Empresarios que dieron generosamente]. Rich Brott: disponible en http://www.richbrott.com/wp-content/uploads/2007/08/business-people-who-gave- generously.pdf

Colgate-Palmolive. (s. f.). "Our Commitment to Our Communities". [Nuestro compromiso con nuestras comunidades] Disponible en https://www.colgatepalmolive.com/en-us/core-values/community-responsibility

Hansell, George H. "Deacon William Colgate". [El diácono William Colgate]. *Baptist History Homepage*. (1899 [Consultado en mayo de 2020]): disponible en http://baptisthistoryhomepage.com/ny.colgate.wm.bio.html

Reformed Reader. (s. f.). "William Colgate". Disponible en: http://www.reformedreader.org/colgate.htm

Capítulo 3. El imperio de la salsa de tomate

Astrum People. (s. f.). "Henry J. Heinz Biography: Success Story of Heinz Ketchup Empire". [Biografía de Henry J. Heinz: la historia de éxito del imperio de Heinz Ketchup]. Disponible en https://astrumpeople.com/henry-j-heinz-biography

Carnegie Medal of Philanthropy. "The Heinz Family: Many Varieties of Giving". [La familia Heinz: mucha diversidad de donaciones]. (2022): disponible en https://www.medalofphilanthropy.org/profiles-in-philanthropic-courage-the-heinz-family

Gliozzi, Diane. "H. J. Heinz: A Pittsburgh Legacy". [H.J. Heinz: un legado de Pittsburgh]. *Popular Pittsburgh*, (2015): disponible en https://popularpittsburgh.com/heinz-legacy

Leigh, Silvia. "Henry J. Heinz (1844-1919)". *Father's Call*, (2013): disponible en https://fatherscall.com/2013/05/16/henry-j-heinz-1844-1919

Lukas, Paul. "H. J. Heinz at a time when prepared food was a shady business, Heinz's transparent jars, factory tours, and focus on food safety made his store-bought condiments king". [H.J. Heinz en un momento en que la comida preparada era un negocio turbio, los frascos transparentes de Heinz, las visitas a la fábrica y el enfoque en la seguridad alimentaria hicieron que sus condimentos fueran los reyes]. *Money, CNN*, (2003 [Consultado en marzo de 2020]): disponible en https://money.cnn.com/magazines/fsb/fsb_archive/2003/04/01/ 341007

Richardson, William E. "Henry Heinz". *Lights 4 God*, (2012): disponible en https://lights4god.wordpress.com/2012/10/11/henry-heinz

Capítulo 4. El sabor de la vida

Adams, Ann Uhry. *Formula for Fortune: How Asa Candler Discovered Coca-Cola and Turned it Into the Wealth His Children Enjoyed.* [La fórmula de la fortuna: cómo Asa Candler descubrió la Coca-Cola y la convirtió en la riqueza que disfrutaron sus hijos]. *Bloomington, Indiana: iUniverse,* (2012): disponible en

Coca-Cola Company. (s. f.). "The Asa Candler Era—Coca-Cola History". [La era de Asa Candler: la historia de Coca-Cola]. Disponible en https://www.coca-colacompany.com/company/history/the-asa-candler-era

Editors of Encyclopedia Britannica. "Asa Griggs Candler- American Manufacturer". [Asa Griggs Candler, fabricante estadounidense]. (1998): disponible en https://www.britannica.com/biography/Asa-Griggs-Candler

Kemp, Kathryn. "Asa Candler: 1851-1929". *Georgia Encyclopedia.* Disponible en https://www.georgiaencyclopedia.org/articles/history- archaeology/asa-candler-1851-1929

Kemp, Kathryn. *God's Capitalist: Asa Candler of Coca-Cola.* [El capitalista de Dios: Asa Candler de Coca-Cola]. Macon, Georgia: Mercer University Press, 2002.

Reference. "Asa Griggs Candler". (2016): disponible en https://reference.jrank.org/biography-2/Candler_Asa_Griggs.html

Wikipedia. (s. f.). "Asa Griggs Candler". Disponible en https://en.wikipedia.org/wiki/Asa_Griggs_Candler

Capítulo 5. No hay nada mejor para ti que yo

Challies, Tim. "The Philanthropists: Henry Crowell". [Los filántropos: Henry Crowell]. *Challies,* (2013): disponible en https://www.challies.com/articles/the-philanthropists-henry- crowell

Crowell Trust. (s. f.). "About Us". [Acerca de nosotros]. Disponible en http://crowelltrust.org/about-us

Giants for God. "Henry Parsons Crowell", (2010): disponible en http://www.giantsforgod.com/henry-parsons-crowell-quaker-oats

Johnson, Laura. "Spreading the Word: Henry Parsons Crowell, Mass Media, and the Moody Bible Institute". [Difundiendo la Palabra: Henry

Parsons Crowell, los medios masivos y el Instituto bíblico Moody]. *Research Gate*, (2013): disponible en https://www.researchgate.net/publication/267884212_Spreadin g_the_Word_Henry_Parsons_Crowell_Mass_Media_and_the_Moody_Bible_Institute

Quaker Oats. (s. f.). "Our Oat Origins". [Nuestros orígenes de avena]. Disponible en https://www.quakeroats.com/about-quaker- oats/content/quaker-history.aspx

Scalar. "The Honorable Mentions of the Breakfast Cereal Revolution". [Las menciones honoríficas de la revolución de los cereales para el desayuno]. (2016): disponible en http://scalar.usc.edu/works/early-years-of-ready- to-eat-breakfast-cereal/the-smaller-players-in-the-breakfast- cereal-revolution

Wikipedia. (s. f.). "Crowell Trust". [El fideicomiso de Crowell]. Disponible en https://en.wikipedia.org/wiki/Crowell_Trust.

Wikipedia. (s. f.). "Henry Parsons Crowell". Disponible en https://en.wikipedia.org/wiki/Henry_Parsons_Crowell

Capítulo 6. Hay una sonrisa en cada barra de chocolate Hershey

Biography.com editors. "Milton Hershey Biography". [Biografía de Milton Hershey]. (2019): disponible en https://www.biography.com/people/milton-hershey-9337133

Civello Photo. "Inside Hershey: 100 Sweet Facts about Hershey". [Dentro de Hershey: 100 hechos dulces sobre Hershey]. (2010): disponible en http://civellophoto.typepad.com/hersheyinsider/2010/09/100-sweet-facts-about-hershey-milton-s-hershey.html

Hershey Archives. (s. f.). "Hershey Archives". [Archivos Hershey]. Disponible en https://hersheyarchives.org

Hershey Story. (s. f.). Who Was Milton S. Hershey? [¿Quién fue Milton S. Hershey?]. Disponible en https://he rsheystory.org/milton-hershey-history/

MHS Kids. (s. f.). "Milton Hershey School History". [La historia de la escuela Milton Hershey]. Disponible en https://www.mhskids.org/about/school-history/milton-s-hershey

Prabook. (s. f.). "Milton Snavely Hershey". Disponible en https://prabook.com/web/milton.hershey/730028

Shell, Adam, y Nicholas Kraft. "Happiness is Chocolate". [La felicidad es chocolate]. *Live Happy,* (9 de enero de 2014): disponible en https://www.livehappy.com/happiness-is-chocolate

Sprout, Jonathan. "Milton Snavely Hershey". *Jon Sprout.* (2009): disponible en http://www.jonsprout.com/cms/index.php/my-heroes/42-milton-hershey

Capítulo 7. Un sabor celestial

Entrepreneurs Here and There. "James L. Kraft". (2013): disponible en https://sites.google.com/site/wmcientrepreneurs/entrepreneurs-from-away/james-l-kraft

History of Business. (s. f.). "Kraft Foods". Disponible en http://historyofbusiness.blogspot.com.au/2009/06/kraft-foods.html

Joy Christian Ministries. "Doing It Right!". [¡Haciéndolo bien!]. *We Are Joy,* (2015): disponible en https://www.wearejoy.church/from-the-heart-of-jc/doing-it-right

La Mattina, Chuck. "Kraft Cheese and Tithing". [El queso Kraft y el diezmo]. *Essential Matters,* (2011): disponible en http://essentialmatters.blogspot.com.au/2011/11/kraft-cheese- and-tithing.html

Mink, Michael. "James Kraft Cooked Up a New Cheese and a New Market". [James Kraft creó un nuevo queso y un nuevo mercado]. *Investors,* (2014): disponible en https://www.investors.com/news/management/leaders-and- success/james-kraft-founded-kraft-cheese

Mullen, Michael y Lynne Galia. "Kraft Heinz Commits $12 Million". [Kraft Heinz promete 12 millones de dólares]. *Business Wire,* (2020): disponible en https://www.businesswire.com/news/home/20200320005358/en/Kraft-Heinz-Commits-12-Million-Globally-in-Support-of-Communities-Impacted-By-COVID-19-Outbreak

Rhoads, Mark. "Illinois Hall of Fame: James L. Kraft". [Salón de la Fama de Illinois: James L. Kraft]. *Illinois Review,* (2006): disponible en http://illinoisreview.typepad.com/illinoisreview/2006/11/illinois_hall_o_7.html

Sponholtz, Lloyd L. "Kraft, James Lewis". *American National Biography,* (2000): disponible en https://www.anb.org/view/10.1093/anb/9780198606697.001.00 01/anb-9780198606697-e-1000942

Capítulo 8. Todos los días son importantes

Gross, Daniel. *Forbes Greatest Business Stories of All Time.* [Las mejores historias de negocios de todos los tiempos de Forbes]. Nueva York: Byron Preiss Visual Publications, 1996.

Plumb, Beatrice. *J. C. Penney: Merchant Prince.* [J.C. Penney: un príncipe mercader]. Mineápolis, T.S. Denison & Company Publishers, 1963.

Tibbetts, Orlando L. *The Spiritual Journey of J. C. Penney.* [El viaje espiritual de J.C. Penney]. Netsource Dist Services, 1999.

Capítulo 9. Rayos puros de sol exprimidos

Aurora Ministries (s. f.). "Our History". [Nuestra historia]. Disponible en https://www.auroraministries.org/pages/about-u

Christian Business Daily. "Anthony Rossi—Founder of Tropicana". [Anthony Rossi: fundador de Tropicana], (2007): disponible en https://christianbusinessnetwork.com/resources/wisdom-at- work/entry/anthony-rossi

Florida Citrus Hall of Fame. (s. f.). "Anthony T. Rossi". Disponible en https://floridacitrushalloffame.com/inductees/anthony-t-rossi

Funding Universe. (s. f.). "Tropicana Products, Inc. History". [La historia de Productos Tropicana Inc.]. Disponible en http://www.fundinguniverse.com/company-histories/tropicana-products-inc-history

Giants for God. "Anthony Rossi—Tropicana", (2016): disponible en http://www.giantsforgod.com/anthony-rossi-tropicana

LA Times. "Anthony T. Rossi; Founder of Tropicana Products". [Antonio T. Rossi, fundador de Productos Tropicana]. (1993): disponible en https://www.latimes.com/archives/la-xpm-1993-01-28-mn-2221-story.html

Rossi, Sanna Barlow. *Anthony T. Rossi Christian & Entrepreneur: The Story of the Founder of Tropicana.* [Anthony T. Rossi, cristiano y emprendedor: la historia del fundador de Tropicana]. InterVarsity Press, 1986.

Wikipedia. (s. f.). "1908 Messina Earthquake". [Terremoto de Mesina de 1908]. Disponible en https://en.wikipedia.org/wiki/1908_Messina_earthquake

Capítulo 10. Ahorra dinero, vive mejor

Gross, Daniel. *Forbes Greatest Business Stories of All Time.* [Las mejores historias de negocios de todos los tiempos de Forbes]. Nueva York: Byron Preiss Visual Publications, 1996.

Walton Family Foundation. (s. f.). "About Us". [Acerca de nosotros]. Disponible en https://www.waltonfamilyfoundation.org/about-us
Walton, Sam. *Made in America.* [Hecho en América]. Nueva York: Doubleday Dell Publishing Group, 1992.

Capítulo 11. Si crees que puedes, puedes

Ash, Mary Kay. "Celebrating Mary Kay Ash". [Celebrando a Mary Kay Ash]. *Mary Kay.* Disponible en www.marykaytribute.com
Gross, Daniel. *Forbes Greatest Business Stories of All Time.* [Las mejores historias de negocios de todos los tiempos de Forbes]. Nueva York: Byron Preiss Visual Publications, 1996.
Mary Kay Tribute. (s. f.). "Her Wisdom- Faith". [Su sabiduría y fe]. Disponible en http://www.marykaytribute.com/wisdomfaith.aspx
Miller, Calvin. "A Requiem for Love". [Un réquiem por el amor]. *W. Pub Group. Prabook.* (s. f.). Mary Kay Ash,(1989): disponible en https://prabook.com/web/mary.ash/3734856

Capítulo 12. Come más pollo

Bhasin, Kim. "Meet S. Truett Cathy, The 91-Year-Old Billionaire Behind Chick-fil-A". [Truett Cathy, el multimillonario de 91 años detrás de Chick-fil-A]. *Business Insider*, (2012): disponible en https://www.businessinsider.com.au/meet-chick-fil-a-founder-s- truett-cathy-2012-7#OzdtuaTVm3c8Hzxd.99
Cathy, Truett. *It's Better to Build Boys than Mend Men.* [Es mejor construir niños que reparar hombres]. Chicago, Illinois: Looking Glass Books Inc., 2004.
Chick-fil-A. (s. f.). "Company History". [Historia de la Compañía]. Disponible en https://www.chick-fil- a.com/About/History
Chick-Fil-A. (s. f.). "Our Purpose". [Nuestro propósito]. Disponible en https://www.chick-fil- a.com/careers/culture
Daszkowski, Don. "The Story of S. Truett Cathy". [La historia de S. Truett Cathy]. *The Balance,* (2019): disponible en https://www.thebalance.com/s-truett-cathy-bio-chick-fil-a-story- 1350972
Forbes. "#224 S. Truett Cathy". (2014): disponible en https://www.forbes.com/profile/s-truett-cathy
Giants for God. "S. Truett Cathy- Chick-fil-A". (2013): disponible en http://www.giantsforgod.com/s-truett-cathy

Green, Emma. "Chick-fil-A: Selling Chicken with a Side of God". [Chick-fil-A: venta de pollo con una porción de Dios]. *The Atlantic*, (2014): disponible en https://www.theatlantic.com/business/archive/2014/09/chick- fil-a-selling-chicken-with-a-side-of-god/379776

Jones, Russ. "5 Things Christians Need to Know about Chick-fil- A Founder Truett Cathy". [5 cosas que los cristianos deben saber sobre el fundador de Chick-fil-A, Truett Cathy]. *Christian Press,* (2014): disponible en https://www.christianheadlines.com/news/5-things-christians- need-to-know-about-chick-fil-a-founder-truett-cathy.html

McDaniel, Phyllis G. "Don't Lose Faith: Keep Believing". [No pierdas la fe: sigue creyendo]. *Lulu.com* (2015)

Ohlheiser, Abby. "The World According to Chick-fil-A Founder Truett Cathy". [El mundo según el fundador de Chick-fil-A, Truett Cathy]. *Washington Post,* (2014): disponible en https://www.washingtonpost.com/news/morning-mix/wp/2014/09/08/the-world-according-to-chick-fil-a-founder-truett-cathy/?utm_term=.fbc6dd2ad7ec

Parker, Dick. "A Life Centered on Family". [Una vida centrada en la familia]. *The Chicken Wire,* (2016): disponible en https://thechickenwire.chick-fil-a.com/Inside-Chick-fil-A/A-Life-Centered-on-Family

Parker, Dick. "Humble Beginnings". [Principios humildes]. *The Chicken Wire,* (2016): disponible en https://thechickenwire.chick-fil-a.com/Inside-Chick-fil-A/Humble-Beginnings-How-Truett-Cathys-Love-for-Customers-Grew-From-a-Coke-and-Smile

Ramsey Solutions. (2021). "7 Life Lessons from Truett Cathy". [7 lecciones de vida de Truett Cathy]. *Ramsey Solutions,* (2021): disponible en https://www.daveramsey.com/blog/7-life-lessons-from-truett-cathy

Schenk, Ruth. "Chick-Fil-A Founder, Truett Cathy, Leaves a Godly Legacy". [El fundador de Chick-Fil-A, Truett Cathy, deja un legado piadoso]. *The Southeast Outlook*, (2014): disponible en http://www.southeastoutlook.org/news/features/article_9266b69c-38f4-11e4-9433-0017a43b2370.html

Warren, Rick. "Chick-fil-A Founder Truett Cathy Truly Lived His Faith". [El fundador de Chick-fil-A Truett Cathy realmente vivió su fe]. *Time*, (2014): disponible en https://time.com/3310038/rick-warren-chick-fil-a-founder-truett-cathy-truly-lived-his-faith

Printed in the United States
by Baker & Taylor Publisher Services